戦わずに圧倒的に勝つ人生戦略

逆張り思考

逆張り思考

成田 修造

KADOKAWA

出典：p. 29『［決定版］菜根譚』守屋洋 著（PHP研究所） p.77『新版　徒然草　現代語訳付き』兼好法師 著、小川 剛生 訳注（角川ソフィア文庫） p.125『エセー（一）』モンテーニュ著、原 二郎 翻訳（岩波文庫） p.177 Lecture 5 - Competition is for Losers (Peter Thiel) https://www.youtube.com/watch?v=5_0dVHMpJlo p.233『マルクス・アウレーリウス　自省録』神谷 美恵子 訳（岩波文庫）

プロローグ

すべては「一家離散」の危機からはじまった

「人生をやり直したい」

そう言い残して、ある日、父が失踪しました。
当時、ぼくは14歳。冷え込み強まる冬の出来事でした。
そして20年近くたつ今も、消息不明です。

ある日、母が脳出血を起こして倒れました。
そのときぼくは17歳。母は一命を取りとめたものの、右半身不随となりました。

ギャンブル依存症の父と、借金まみれの成田家

ぼくは、父と母が32歳のとき、東京都北区で生を受けました。

父は哲学や文学に通じた知識人でありながら、パチンコ、麻雀、酒、タバコに目がない人でした。

世の中を斜《しゃ》に見て、働くことを嫌って定職には就かず、いつもプラプラ。

ギャンブルをしては負け込んで、街金《まちきん》（消費者金融）からお金を借りる。その借金を返すために、また別の街金から借金をする。借金が借金を呼び、終わりのない負のループに陥っていました。

母は、ジュエリー会社で働きながら、細々と家計を守っていました。どうしようもない父でも母が見限ることはなく、2人して泥沼にハマっていました。

プラスチックでできたような安っぽいワンルームに、父、母、兄、ぼくの家族4人暮らし。4歳上の兄、成田悠輔《ゆうすけ》が、

「ゴキブリが出てきて朝起きるみたいな、もうダメダメの典型みたいな家庭」

と話したことがあります。生きていくのがギリギリの底辺生活が続きました。

ところが、ぼくが小学校に入る頃には、風向きが良い方向に変わりはじめます。無職だった父が、社会復帰を決めたのです。

父、消える

父が定職に就いていた約6年間（ぼくが小学校に入学してから卒業するまで）を、ぼくは「成田家の全盛期」と呼んでいます。

父も母もフルタイムで働き、35年ローンで新居を購入。ゴキブリに起こされることもなくなり、学習塾にも通える。贅沢はできなくても貧しくもなく、人並みの生活が送れるようになったのです。

父が勤めていた教育系ベンチャー企業は、時代の波に乗り急成長。やがて株式上場を果たします。

皮肉なことに、結果的にはこの上場が、その後、成田家に吹き荒れる嵐のきっかけとなりました。

「上場企業勤務」によって与信評価が上がった（融資枠の信用が与えられるため、クレジットカードなどの利用限度額が引き上げられた）ことに気を良くし、父は再び、散財を重ねはじめたのです。父の借金癖が再燃。借金は雪だるま式にふくれ上がりました。

借金をして借金を返す。父の勤務先の住宅ローン補助プログラムを使ってお金を借り、それを街金の返済に回したこともありました。

そして追い詰められた父は、家族を残し、仕事を残し、多額の借金を残し、ある日突然、姿を消したのです。

家族にとって、まさに、青天の霹靂《へきれき》でした。

父を最後に見た日

父はどこに消えたのか？

頼るあてはあるのか？

もしかしたら、自殺しているのではないか……？

家族で必死に捜しました。

やがて、父の居場所が判明します。

父は、麻布中学校・高校時代の同窓生からお金を借り、マンスリーマンションに滞在していました。

母、兄、ぼくの3人でそのマンスリーマンションを訪れると、父は驚いた様子で目を見開き、そして開口一番、逆ギレしました。

「なんでこんなところに来たんだ、バカヤロー！」

説得は失敗。何もかも中途半端だったはずの父が、「何もかも捨てる」という決意だけは、頑《かたく》なだったのです。

この日を最後に、ぼくは父に会っていません。

今、どこで何をしているのか、生きているのか死んでいるのかも、わかりません（「もう、捜さないでおこう」と決めました）。

父を訪ねた帰りのタクシーの車内で、母は泣きくずれていました。憔悴《しょうすい》しきった母に代わって支払いをすませようとすると、小銭がありません。しかたなく「すみません、1万円札しかありません」とお札を差し出したとき、運転手さんにこう言われました。

「リッチだね〜」

このひと言を、ぼくは一生、忘れないでしょう。

それは、無遠慮な皮肉に腹を立てたからではなく、「ぼくの人生経験がリッチになった」という意味において、運転手さんの発言は、あながち間違ってはいなかったからです。

父の失踪からはじまった一連の出来事は、その後のぼくにとって、苦しくありながらも、「プライスレスでリッチな体験」に変わったのです。

母が自己破産、そして半身不随に

父が失踪したのは、新居を購入して2、3年目だったと思います。住宅ローンの返済はとどこおり、街金への返済も「待った」がきかない。

成田家に残された唯一の道は、母の

「自己破産」

だけでした。


父が消えてから、母の笑顔も消えました。行き場のない感情を持て余し、母は心を病み、泣き続けました。

そして、父の失踪から3年後、冒頭で述べたように母が倒れたのです。脳出血でした。3日間生死の境をさまよい、奇跡的に命をつないだものの、重い障害が残りました。右半身不随です。


母が突然倒れたことも、ぼくには青天の霹靂でした。

父と違って母は消えてはいない。ですが、かつての母は消えてしまいました。

家庭崩壊を機に目覚める

父の失踪→破産→母の闘病。

次々とやってくる試練に、ぼくの人生は一変しました。

小学校時代は、ガキ大将でスポーツに夢中。井上雄彦《たけひこ》さんの人気コミック『SLAM《スラム》DUNK《ダンク》』（集英社）にハマって、「天才ですから」と真似しながらバスケットボールの練習をするような「イタイ小学生」でした。

中学受験にも失敗し、「負けん気が強くてプライドは高いが、何をやり切るわけでもなく、結局、中途半端に投げ出す」、そんな少年期でした。

ですが、父の失踪と母の障害に向き合い、ぼくは、

「これからの人生、誰も助けてくれない。自分の人生をどうにかできるのは、自分だけなんだ」

と自覚するようになりました。

「何に対してもはっきりしない生き方にメスを入れよう。一念発起して、少しでもまともな人間になろう。自分の人生なのだから、自分でなんとかしていこう」

と覚醒《かくせい》することになったのです。

奇特な天才、兄・成田悠輔

インテリでありながらギャンブル依存症の父。

その父に苦しめられながらも依存する母。

父と母は、ぼくから見ても「ちょっと変わった人物」たちです。

そしてぼくの兄もまた、「ちょっと変わった、奇特《きとく》な人物」です。

兄の名は、成田悠輔。

あの「四角丸メガネ」をかけた経済学者です。

父が失踪したとき、兄は18歳、高校3年生。一浪して東京大学に進学し、その後、マサチューセッツ工科大学に留学して博士号を取得。イェール大学の助教（Assistant Professor）になりました。現在、日本ではさまざまなメディアに出演していて、一部では「YouTuberが本職」と思われているようです。

兄は、わが家の中でも異彩を放っていました。

小学校の頃から不登校気味。中学、高校も「通っていた」というよりも「所属していた」

だけで、ほとんど行っていない様子でした。兄からはよく、「公園に座って何時間も空を眺めていた」「図書館の入口付近で寝ていて怒られた」といった話を聞かされました。

それでも、何事にも博識でした。

大量の本を読みあさり、哲学者や社会学者のコミュニティに潜り込み、ネットコミュニティとつながり、膨大なネット情報に目を通し、海外の学術論文にも手を出す……。そして、自分の興味の範疇《はんちゅう》であれば最善の努力を惜しまない。兄、成田悠輔は、天才的でした。

消えた父、倒れた母、そして天才の兄。

この3人を通して、ぼくは自分の人生を考え、行動するようになりました。

ぼくは、自分の少・青年期をみすぼらしいとも、恥ずかしいとも、不遇だったとも、忘れてしまいたいとも考えてはいません。

父が蒸発。母は病気で倒れ、実家は破産。複雑な家庭環境の中で、ぼくが一度もネガティブにならなかったのは、問題が起きるたびに、

「自分の人生は、自分の手で紡《つむ》いでいかなければいけない」

「自分の人生を、他人にゆだねすぎてはいけない」

「人生は、目標があるからこそ輝き出す」

「どんなことも、解釈次第でプラスに変わる」

ことを学んだからです。

そう、**不幸を楽しむ勇気**を持つようになったのです。

これらの出来事と、そこから得た学びは、今日に至るまでぼくという人間の土台になっています。

大学入学と同時に、ビジネスの世界へ

高校卒業後、ぼくは慶應義塾大学に進学しました。

入学早々に国際ビジネスサークルに入り、そこで多くの起業家・経営者に触れたことがきっかけで、大学2年生のときにベンチャーに飛び込んで「学生サラリーマン」を約2年間、経験しました（学費にはその給料と奨学金をあてました）。

その後、学生起業に挑戦しましたが、失敗。就職活動をしていたときに、運よく誘っていただいたスタートアップに入社、役員になりました。

その会社の名は、株式会社クラウドワークス。

２０１１年11月に創業したクラウドソーシング事業を手がける会社です。

「個のためのインフラになる」というミッションを掲げて、インターネット上でさまざまな仕事を流通させるプラットフォームを提供しています。

フリーランスや副業、リモートワークなど、今では当たり前になった新しい働き方を10年以上前から提唱し、サービス提供とともに日本の働き方を変革してきました。


ぼくは、クラウドワークスの創業期に「学生インターン」として関わり、その後、実質ひとり目の社員として、執行役員という肩書で入社しました。

やがて創業3年目の２０１４年には取締役になり、同年東証マザーズ（当時）への上場を果たしました。

上場時、ぼくは25歳。上場後すぐに副社長兼ＣＯＯ（Chief Operating Officer：最高執行責任者）に就任しました。当時の上場企業の役員の中では、最年少だったようです。

32歳となった２０２１年まで取締役副社長兼ＣＯＯという立場で会社の事業全体を統括し、２０２２年には取締役執行役員兼ＣＩＮＯ（Chief Innovation Officer：最高イノベーション責任者）に就任し、さまざまな事業開発や投資に携わりました。同年、売上は100億円、営業利益（Non-GAAP《ギャープ》）は10億円を超える規模に達し、業界ナンバーワン企業へと成長します。

そして2023年、ぼくはクラウドワークスを卒業して次なる挑戦をはじめました。

ぼくの人生をざっくり振り返ると、こんな感じです。

14歳　父が失踪
17歳　母が倒れる
18歳　慶應義塾大学に入学（国際ビジネスサークルに所属）
20歳　学生サラリーマン
21歳　学生起業（失敗）
22歳　クラウドワークス入社（学生インターン）
25歳　クラウドワークス上場、副社長兼COOに
33歳　11年間経営した同社を卒業し、新たな挑戦へ

ぼくは30歳を超えたこのタイミングで、11年間、それも創業間もない頃から経営に関わってきた会社を辞め、「あえて人生をリセットする」という選択をしました。

その決断の背景には、以前から教育やＡＩをはじめとする科学技術の産業化に強い関心があり、起業して取り組んでみたかったことなど、いくつかの理由があります。

でも、最大の理由は、複雑な家庭環境からはじまって試行錯誤を繰り返す中で、

「人生は先がわからないからおもしろい」

「暗闇の中でこそ見える光がある」

という感覚を強く持つようになったことです。そして、**その「光」こそ、人生を大きくおもしろく変化させ、味わい深いものにしていく**と実感しています。

安定を捨て、先の見えない暗闇に進む発想は、通常とは逆の考え方かもしれません。

ぼくはそれを**「逆張り思考」**と呼んでいます。

「逆張り」とは**大勢や時流に逆らい、逆に賭けていく**やり方です。

多くの人が、常識的に考える行動やレールをあえて疑い、逆に考えてみる。逆の行動を取ってみる。そうすることで、**状況を好転させ、想像以上の充実や果実を手にする。**それ

が「逆張り思考」の本質です。

もちろん、やみくもに逆に張るだけではうまくいきません。場合によっては自滅しかねないでしょう。そこにはいくつかのコツ、スキルが必要です。本書にはできるだけ具体的にそのポイントを詰め込みました。もしよかったら、あなたにも、1つでも2つでも試してみてもらえたら、と思います。

ぼくは自分に、人より優れた能力があるとは思っていません。それでも20代前半でベンチャーに参画し、上場企業の経営に8年以上たずさわり、さまざまな研究者や経営者、クリエイターと仕事をする幸運に恵まれてきました。「こんなふうに生きたい」という、自分の夢をかなえていくことができました。そうした幸運もまた、「逆張り思考」で、自分の進む道を選択してきたからこそです。

そして、時代の最前線を走る人たちの間に身を置く中で、実感してきたこと。それは、これまでなら良しとされてきた「いい大学・いい企業」に属するといったことは、もはや安泰を約束するものではない、ということです。何をはじめるのにも、早すぎることも遅すぎることもなく、ただリスクを取る勇気を持ち、チャレンジすることこそ、真の幸せや充実、安泰につながっていくという確信です。

人生を上昇気流に乗せる考え方

「事実は小説よりも奇なり」とはよくいったもので、人はそれぞれの人生で、自分なりのドラマを生きています。希望と絶望、天国と地獄、大なり小なり、ジェットコースターに乗ったようなドラマを抱えています。

正直、ぼくの人生がほかの人と比べてどれくらい絶望的なのか、また希望に満ちたものなのか、見当もつきません。

ですが、ひとつ確実なことは、

「悩みや不安がない人生を送っている人は、誰ひとりとしていない」

ということです。

仏教の祖《そ》ブッダは、人生について「一切皆苦《いっさいかいく》」であり、思い通りにならない、苦しいものだと説いたといいます。生きているかぎり苦しみから逃れることはできないし、逃れようとしないことが大切なんだよ、とも。

誰にとっても、苦しみのない人生はあり得ず、時にどうしようもない不幸に襲われることもあります。

ただ、**どれほど苦しいときでも、少なくともひとつは必ずできることがある**と思うのです。それは、自分の発想・解釈を変えて行動すること。

人生に訪れる不幸さえもおもしろがる勇気を持ち、各局面で発想や解釈を変えていく。それによって、人生は少なくとも現状よりは上昇していく、好転していくものだと、ぼくは信じています。

ぼくもこれまでの短い人生の中で、何度となく厳しい状況に追い込まれてきました。それでも未来を疑わず、自分の目標に向かって邁進《まいしん》できたのは、「逆張り思考」を基本に自らの経験の中で次の「5つの考え方」が芽吹き、養われたからです。


【人生を上昇気流に乗せる5つの考え方】

①人生で起きることすべてをポジティブにとらえ、不幸も「明るい未来」への布石と考える

良いことも悪いことも、「自分にとって意味のあることだ」と考え、そこからの学びを吸収していく。

②自分の個性をよく理解し、信じ、育てる

自分は何者かを直視し、自分の弱みを卑下《ひげ》せず、強みを生かし、自分を信じていく。

③具体的な目標を立てる／目的意識を持つ

自分が人生で得たいこと、やってみたいことを言語化し、目標を立てる。「その目標を達成する」という目的意識を持つ。

④社会の常識や敷かれたレールを疑い、競争せずに、試行錯誤を徹底的に繰り返す

まず目標にそって、自分がいるべき場所を探し、見つけ出す。試行錯誤しながら、とにかく動き続ける。その際、多くの人が戦っている場所は選ばないことが大切。

⑤目の前に来た運をつかみ取る

目の前に来たかもしれないチャンスを見きわめ、しっかりと飛び込んでモノにする。

本書は、ぼくが半生を通して感じてきたことを綴《つづ》ったもの、いわば「ポエム」のようなものかもしれません。

ですが、このポエムを読んだみなさんが、少しでも元気になったり、明日から前向きに頑張ろうと思ってくれたりしたとしたら、著者としてこれに勝る喜びはありません。

本で対話することはできませんが、ぼくはアカウント名「@shuzonarita」でツイッターをしています。この本を読んで感じたこと、疑問に思ったことなどを気軽に投げていただければ、できるかぎりお答えして、対話をしていきたいと考えています。

みなさんからのご意見をお待ちしております。

この本を読み進めていただいた読者のみなさんの人生に、少しでも彩りを提供できることを願っています。

成田 修造

逆張り思考　目次

Contents

第2章
自分の個性を見つけ、信じ、育てる

第3章

人生の8割は目標設定で決まる

第4章 常識を疑い、競争しないで勝とう

第5章 チャンスを見きわめ、運をつかみ取る

執筆協力／藤吉 豊（株式会社文道）
本文デザイン・DTP／斎藤 充（クロロス）

第1章

人生で起こるすべては「明るい未来」への布石

結局、人生で起きることすべてが、
自分の成長のチャンスなのだ。
生かすも殺すも、自分次第。
俯瞰《ふかん》して、「これは、この先の明るい
未来への布石なんだ」と、とらえること。
そう考えることで、
意外なほどいろいろなことが好転していく。

「逆境にあるときは、身の回りのものすべてが良薬となり、
節操も行動も、知らぬまに磨かれていく」
―― 洪《こう》 自誠《じせい》『菜根譚《さいこんたん》』

自分の人生は自分のために生きる

母が悪夫との離婚を一度も考えなかった理由

ぼくの幼少期、成田家は借金まみれで、パチンコ、麻雀、酒、タバコに興《きょう》じる父と、その父に共依存する母という、厄介な家庭でした。

6畳1間に家族4人暮らし。働き手は母ひとり。家計は常に困窮。しまいには父の失踪によって借金の返済がとどこおり、自己破産に追い込まれました。

無節操な父に振り回されながら、夜中に怒鳴り合いながら、それでも不思議と夫婦仲は良く、「失踪するまで、離婚という選択肢は、一度も浮かばなかった」と、のちに母は明かしています。

どうして母は、不誠実な父を見限らなかったのでしょうか。

おそらく父と母は、共依存関係にあったのだと思います。

共依存とは、「自分と相手が過剰に依存し合い、その関係性にとらわれている状態」のこと。父がギャンブルとアルコールに依存する一方で、母は父に依存して、精神的に寄りかかっていたのです。「愛情があったから別れなかった」というより、母は父に「執着していた」のでしょう。

母が共依存から抜け出せなかったのは、「(母自身の)両親に対する反発心」と、「夫に対する相補性《そうほせい》(自分にない長所や考えを持つ相手に惹かれる心理)」に引きずられていたからだと思います。

母は子どもの頃、両親の過干渉に悩んでいました。父親は気難しく、短気。母親は不器用。その両親の価値観を押しつけられ、自分の考えや好みは否定され、進路も習い事も決められ、親の言いなりだったそうです。

精神的に縛られていた母は、「これ以上、振り回されたくない」と、両親の反対を押し切って結婚。逃げるように家を出たのでした。

母には、「両親を見返したい」「文句を言われたくない」という反発心がありました。だから、離婚をすれば、

「結婚は（自分は）間違っていた」＝「両親の言うことが正しかった」

と認めることになります。自分の正しさを押し通すためには、父の存在が必要でした。

母が父の失踪を両親に隠し通そうとした理由も、親への気後れにほかなりません。実際、脳出血で倒れるまでの3年間、成田家で起きたことは、祖父母はもちろん自分のきょうだいにも隠し通していました。


ぼくの父は、厳格な祖父とは対象的で、自由奔放。借金を繰り返す悪夫《あくふ》でありながら、独特な視点とセンスを持つ芸術家肌の人でした。ずば抜けて身勝手でありながら、どこか憎めない。友だちも多かった。母は、そんな父のアンバランスさに惹かれていたのでしょう。

父が消えたことで母は依存の対象を失い、心が不安定になりました。

「夫の失踪」という現実を受け止められず、毎日泣いては落ち込み、ことあるごとに呼吸が荒くなって、ノイローゼ状態に陥りました。母にとっては、失踪前の生活苦より、失踪

後の喪失感のほうが何倍も耐え難かったのです。

「なんとなく生きる」から「自ら生きる」へ

父の失踪、母のノイローゼ、経済的な困窮……。

14歳のぼくは、まったく無力でした。動揺もしました。ストレスで顔がひきつったり、朝起きられなくなったり、集中力を欠いて勉強がおろそかになったりしたこともありました。

ですが一方で、この状況を客観的に、俯瞰している自分もいました。

「人生で起こる出来事には、すべて前向きな意味があるはずだ」
「今、自分が置かれている状況にも、何らかの意味があるはずだ」

と、肯定的に受け止めようとしていたのです。

「失踪したのは、自分ではなく父だ。

ノイローゼになって自己破産したのは、自分ではなく母だ。

たしかにお金はない。けれど、奨学金制度もあるし、今すぐ学校を辞めなければいけないわけではない。仮に辞めたとしても、友だちがいなくなるわけでもない。起きた出来事は事実でも、立ち直れないほど絶望的でもない。だとしたら、この状況でさえ楽しむことができるのではないか……」

それまでのぼくは、漠然と、漫然と目的なく生きていました。「自分が何をしたくて、何に向いていて、何が足りないのか？」などと考えたこともありませんでした。

ですが、父が失踪し、泣きくずれる母を見てぼくは覚醒し、考え方を変えました。

「誰かに依存することばかり考えず、自分のために、自分の人生を生きよう」

「父や母と同じ轍《てつ》を踏まないように、ギアを入れ替えよう」

という強い危機感が芽生えたのです。

弁護士をまじえて両親の離婚の話し合いがはじまったときも、ぼくは当事者のひとりでありながら、どこか客観的に成り行きを眺めていた気がします。

「世の中にはリアルに弁護士という存在がいて、こんなふうに関わるんだな」

「住宅ローンが払えなくなると、家って住めなくなってしまうものなんだな」

と、社会科見学をしている気分でした。

母と一緒に泣いたところで、事態は好転しない。ならば、起きていることからできるかぎり吸収し、将来の糧《かて》にしたほうがましです。


ぼくの心が折れなかったのは、考え方を逆にしたからです。

「すべての経験が学びであり、プラスになる。だから楽しもう」

と現状を前向きに解釈したからです。

父の失踪も、母のノイローゼも、両親の離婚も、経済的な困窮も、「悲劇」と解釈するのではなく、**「社会を学ぶ好機」**と解釈をする。

「どんなことにも意味がある」「すべては学びである」と解釈する。


解釈を変えることが、現実を変える最善手なのです。

「捨てる」「逃げる」「辞める」は真の解決策にならない

「何をしでかすかわからない危険人物」だった父

父は、進学校として知られる麻布中学校・高等学校を卒業後、早稲田大学に入学しました（ただし、早々に退学していた可能性があります）。プライドが高く、社会となじめず、他人に厳しく自分に甘い。クセが強くて、麻布の同級生には、「何をしでかすかわからない危険人物」と評されていたようです。

思想家の一面を持ち、哲学や文学に傾倒。学生運動にも参加しています。父の書棚は、小林秀雄をはじめ、マルクス、寺田寅彦、磯崎新など、古典からニューアカデミア領域まで、幅広いジャンルの蔵書であふれていました。尊敬する小林秀雄が亡くなったときは、涙を流して泣いたそうです。

幼かったぼくは父の書棚を眺めていただけでしたが、それでも、

「世の中にはこんな人もいるんだな」

「こんなジャンルもあるんだな」

という気づきがありました。

一方で兄の悠輔は、父の蔵書に刺激を受けながら、自分の思考を広げていったのだと思います。

父の失敗は「戦略的に自分を動かさなかった」こと

父は働く意欲が薄く、仕事をしたり、しなかったり。ぼくが小学校に入った頃に社会復帰をして、教育系のベンチャー企業に参画しました。父が在籍している間に上場するほど急成長している会社でした。

ですが、父にとってサラリーマン生活は苦行だったはずです。「会社に従うこと」は自分

の思想を捨てることであり、その息苦しさ、窮屈さに耐え切れなかったのです。

失踪した父に対して、ぼくは怒ってもいませんが、感謝もしていません。

「ある日突然、いなくなった」という事実を受け止めているだけです。

ただし、**「ひとりの人間として、父は惜しいことをした」**と感じています。

博識でセンスもあったのに、それを発揮する場所を間違えた。別の言い方をするなら「自分の居場所を見つけようとしなかった」からです。

父が客観的に自己分析をして、長期的に目標を見据え、戦略的に自分を動かしていたなら、兄のように、アカデミックな分野で活躍していた可能性もあります。

自分の個性を理解し、「どの場所にいることがベストなのか?」を考えて試行錯誤をしていれば、失踪することはなかったはずです。

父は、「人生をやり直す」「新しい人生をはじめる」と言い残し、ぼくたちを捨てました。

ぼくも母も兄も、父の消息を追う気はなく、今なお、音信不通です。

父が「人生をやり直す」ために選んだのは、「捨てる」「逃げる」「辞める」ことです。

ですが、「捨てる」「逃げる」「辞める」は一時しのぎの対症療法にすぎず、**「やがて問題**

は再燃する」とぼくは考えています。

やり直したいのなら、

「理想と現状のギャップが生じた原因を突き止め、その原因を取り除き、改善する」ことが前提です。現実を踏まえて、「今後どのように行動していくのか?」を考えなければ、同じことを繰り返します。

過去や現在を「ないもの」として現実逃避をしても、逃げグセがつくだけです。

父に対する洞察からぼくは、自分で**「自分の個性を見つけ、信じ、育てる」**ことが重要だという考えに行き着きました。この考えについては、第2章でより深くまとめていきます。

社会と接続するには
自分からアクションを起こす

人生を変える最初のアクションは、「読書リスト」をもらうこと

父の失踪と母のノイローゼを目の当たりにして、ぼくは、

「誰かに依存せずに、自立して生きられる人間にならないといけない」

「自立して生きるには、まずは危機感を持って、何かを変える必要がある」

と気づきました。

一歩、踏み出す。

自分を変える。

そのために起こした最初のアクションは、兄に読むべき**「読書リスト」**（46ページ）をつ

くってもらうことでした。

当時兄は、東大受験を控えた麻布高校の3年生。早熟で、中学時代から批評家、柄《から》谷《たに》行《こう》人《じん》さんの「NAM《ナム》」（New Associationist Movement／ニューアソシエーショニスト ムーブメント。日本発の資本と国家への対抗運動）に出入りするなど、早くから哲学的、思想的な素養に目覚めていました。そこでぼくは、「〝何か〟を変えるために、まず兄の持っている知識や経験を追跡してみよう」と考えたのです。

兄から読書リストを受け取ったとき、「いよいよ自分も、知の世界に触れるときが来たんだな」と、心おどった記憶があります。

それからは、図書館通い。1冊目に『スポーツ批評宣言―あるいは運動の擁護―』（蓮實重彦・著／青土社）を選んだのは、書名にあった「スポーツ」という言葉に「とっつきやすさ」を感じたからです。兄にはぼくの嗜好も思考もわかっていたようで、「まあ、おまえはそれから読むと思っていたよ」と言われました（笑）。

読書リストに挙げられた本はいずれも読み応えがあって、前提となる知識を持たないぼくには理解が及ばないこともありました。

それでも、「ああ、こういうふうに考えている人たちがいるんだ」「こういう物事の見方、考え方があるんだ」と、多様性の大切さを知るきっかけになりました。『人間であるという運命　マルクスの存在思想』（対馬斉・著／作品社）を通してカール・マルクスに興味を持ったぼくは、学校の休み時間に中庭で彼の著書『資本論』を読んだりしていました。

同級生からは、「成田は人が変わった」「今までとは逆に、まじめになった」と思われていたかもしれません。ですがぼくは、そう思われることも、「今までと違う感じ」「人と違う感じ」も、嫌いではありませんでした。

「今までの自分とは逆の行動」あるいは「人とは違う行動」を取りはじめることは、自分を変える第一歩になります。**人と同じ行動を取っている限り、おおむね人と同じ成果に落ち着く**だけです。だからまず、自分で自分の行動を意識的に変えていくことが大事なのです。

自分に訪れた状況に意味を求め、「少しでも自分を変えよう」と思ったこと。

そして、「読むべき本を教えてほしい」と兄に伝えたこと。

この思考と行動が、ぼくの中でターニングポイントになりました。

貪欲に教養の幅を広げる方法

リベラルアーツ（基礎教養）を身につけようと、読書にとどまらず、映画や音楽にも目を向けました。

映画は、年間１００本以上観ていました。リュミエール兄弟、ジャン＝リュック・ゴダール、小《お》津《づ》安《やす》二《じ》郎《ろう》、ヴィム・ベンダース……。名監督の作品の中に、世界の多様な生き方や思想を感じることができました。池袋にあった映画館「文芸坐」のオールナイト上映に参加し、朝まで観続けることもしばしばでした。

音楽も選《え》り好みせずに聴いて、クラシック、ジャズ、ロック、Ｊ－ＰＯＰと、それぞれのジャンルにそれぞれの系譜、歴史、構造があることを知りました。とくにマイルス・デイビスやボブ・ディランの生き方には強く惹かれました。

中学、高校には、ぼくに芸術の奥深さ、楽しさを教えてくれる友人もいました。毎週、ぼくを美術館に誘ってくれた「松野くん」。父親が歴史学者で、『三国志』をはじめ、歴史のトピックを教えてくれた「久保くん」。

久保くんはクラシック音楽好きで、毎週のように、名匠フルトヴェングラー（36歳の若さでベルリン・フィルの首席指揮者となった音楽家）の音源をくれたりもしました。

彼らと交わり、文化的な知識が増えるたび、知的好奇心が刺激され、世界が広がる感覚がありました。

こうして人生のある時期に多角的・集中的に教養に触れた結果として、「自分の人生が豊かになった」という実感が、今でもあります。当時は、はた目には困難きわまる状況だったかもしれませんが、何か視界が開けた感覚を得られて、とても充実した時間でした。

東大にもぐり込んでわかった「自由な発想」の大切さ

兄は一浪して東大に合格しました。

兄から、「この授業では、GoogleのYouTube買収についてディスカッションした」「この授業では、ライブドア事件について取り上げた」と大学での様子を聞くうちに、ぼくは「大学の授業っておもしろそうだ」と思うようになりました。「自由に発想して、自由に語る」

というスタイルは、それまでぼくが受けてきた教育とはまるで違うものだったからです。

兄の誘いもあって、今となっては時効ですが、何度も東大の授業にもぐり込みました。ちばてつやさんのマンガ『あしたのジョー』（講談社）を読んで主人公・矢吹丈（ジョー）の生き様について考える「あしたのジョー論」。ビバップやモードなど、伝統的なジャズに斬新なスタイルを取り入れ、世界に衝撃を与えたマイルス・デイビスの生涯を追った「マイルス・デイビス論」。そして兄が企画した「次世代音楽論」（音楽家・渋谷慶一郎さんと複雑系の研究者・池上高志さんの対談）など……。中学時代のぼくは、兄に追いつこうとしながら、そして上の世代の人たちの見識に刺激を受けながら、

「自分も、**他人の常識に振り回されず、自分のオリジナルな発想で物事をとらえていこう**」

と考えるようになりました。

世の中は常に広がっていっています。知るべき情報もたくさんあります。

「自ら情報とつながった」

「自ら人とつながった」

「自ら外の世界とつながった」

ことで、この時期、ぼくは**複眼的に物事を見る大切さ**を知ったのでした。

【兄・成田悠輔から受け取った「読書リスト」】

- 浅田 彰『「歴史の終わり」を超えて』（中公文庫）
- 浅見定雄『なぜカルト宗教は生まれるのか』（日本キリスト教団出版局）
- 市川白弦『仏教者の戦争責任』（春秋社）
- 大西巨人『精神の氷点』（みすず書房）
- 鎌田 慧『狭山事件』（草思社）
- 柄谷行人『〈戦前〉の思考』（講談社学術文庫）
- 小島信夫『抱擁家族』（講談社文庫）
- 小室直樹『痛快！憲法学』（集英社インターナショナル）
- 坂口安吾『堕落論』（新潮文庫）
- 関 曠野《ひろの》『民族とは何か』（講談社現代新書）
- 田川建三『キリスト教思想への招待』（勁草書房）
- 田口賢司『ラヴリィ』（新潮社）
- 対馬 斉『人間であるという運命』（作品社）
- 遠山 啓『無限と連続』（岩波新書）
- 中原昌也『マリ＆フィフィの虐殺ソングブック』（河出文庫）
- 蓮實重彦『スポーツ批評宣言』（青土社）
- 平井宜雄『法律学基礎論覚書』（有斐閣）
- 福田恆存『人間・この劇的なるもの』（新潮文庫）
- 森川嘉一郎『趣都の誕生』（幻冬舎）
- 吉本隆明・武井昭夫『文学者の戦争責任』（淡路書房）

親は、子を縛ってはいけない　子は、親に縛られてはいけない

親の戦略的放任が、子どもの自立心を育てる

父は博識であったものの、物事をまっすぐに見ない人でした。

とくにメディアのあり方には懐疑的で、「テレビで放送されていることが真実だと、どうして思うんだ？　間違っている可能性もあるのだから、たやすく同調してはいけない」と教えられました。

父の影響を受け、ぼくにも、世の中を斜めに見るクセ、人の意見を真に受けないクセが身についていました。

小学校でも、「先生の言うことを聞かない問題児」で、先生からは「態度が悪い」「反抗

的」「決まり事を守らない」と、怒られてばかり。

先生から「成田、おまえはもう、しゃべるな」と叱られたときは、ささやかな反抗を試みました。書店で買ってきた『日本国憲法』を開いて、「憲法では言論の自由が保障されているので、先生の主張はおかしいと思う」と反論したのです。

今思うと、本当に面倒な小学生でした。

そんなぼくに対し、母はいつも、おおらかでした。必要以上に責めたり、縛ったり、抑えつけたりすることはなく、ぼくの意思や意見を尊重してくれました。母は、自分の両親を反面教師にしていたのだと思います。

母から、「あれはダメ、これはダメ」と押しつけられたことはありません。正直、「母から教育を受けた」という実感さえありません。

ですが、母がぼくを抑えつけずあえて放任したからこそ、ぼくは父の失踪後も、自我（自分で考えて生きていく力）を失うことがなかったのだと思います。母がぼくを縛りつけていたら、母と同じように依存心が強くなっていたかもしれません。

親のひと言が子どものあり方を左右する

子どもの性格形成は、親に大きく左右されます。だから親は、

「子どもに、自分の価値観を押しつけてはいけない」

「子どもに、余計なひと言を言ってはいけない」

と思います。

「いい大学に入りなさい」「誰もが知る大企業に入社しなさい」「安定した仕事に就きなさい」……。親が「ああしなさい、こうしなさい」と押しつけると、子どもは自分の意思にふたをするようになります。そうしないと、叱られるから。親に認めてもらうには、「親の理想通りに生きる」しかないからです。

ですが、親の時代は、子どもからすれば「30年古い」わけです。「良い」とされる価値観も当然違う。大事なのは、**「その時代時代で、自分の頭と体で感じ、学び、行動する」**ことです。

子どもにあえて何も言わない、黙って子どもの自由意思に任せるという、親の**「戦略的放任」**こそが大事でしょう。

親の役割は、子どもの個性と自主性を育む支援をすることです。ぼくは、**「親は子どもに気づきを与える装置」**であると考えています。

「ああしろ、こうしろ」「あれはダメ、これはダメ」と強制するのではなく、

「世の中には、こういう考え方もあるんだよ」

「世の中には、こんなにおもしろいものがあるんだよ」

「世の中は、変えることができるんだよ」

「目標を持ったほうが、人生は楽しいよ」

などと**肯定的な言葉を刷り込み、気づきを与えていく**のが親の務めです。

一方で子どもは、親に「ああしなさい、こうしなさい」と押しつけられても、「必ずしも、従う必要はない」と思います。

そもそもぼく自身には、「親の考えに従おう」とか、「親の期待に応えよう」という発想がありませんでした。

もちろん、親を悲しませるようなことはしたくない。だからといって、親の期待に応えたいとは思わない。なぜなら、**「親を悲しませないこと」**と、**「親の言うことを聞くこと」**

はイコールではないからです。

親の言っていることが「一理あるな」と思えば、参考にすればいい。「違う」と思えば、自分の頭で考えればいい。

親の意にそわなくても、子どもが自立心を持って人生を楽しんでいれば、心ある親ならば悲しむことはないはずです。

「自分は何をしたいのか？」
「何をしているときが幸せなのか？」
「どうすれば納得できる人生を送ることができるのか？」

を自分で考える。

誰かに決めてもらうことは、自分の思考を止めることです。大切なのは、「自分の人生を自分でつくっていく」ことです。

ぼくにも2人の子どもがいます。ぼくは子育ては「子どもが『やりたい』と思える目標を見つける旅」に同伴することだととらえています。そのための機会は提供するし、支えもします。ですが、考えを押しつけたり叱りつけたりしないように心がけているのです。

母の身体障害を自分の「生活力をつける機会」と解釈

母が脳出血で倒れ、「余命72時間」と告げられる

母は以前から自分の両親との関係に葛藤を抱えていましたが、父の失踪後、そのストレスはますます強くなりました。失踪直前に祖父が亡くなると、祖母が祖父への不満を母に激しくぶつけはじめたのです。

「私だって虐《しいた》げられていた。自分も被害者なんだ」と怒りを爆発させ、「おまえを生んだことを後悔している」と、母を怒鳴りつけたこともありました。祖母の怒声は電話越しに、近くにいたぼくにも聞こえてくるほどでした。

父の失踪、自己破産、祖母との確執――。母にはもう、問題を乗り切る力も、意欲も残されていませんでした。

ストレスが限界を超え、ある日、倒れたのです。

ぼくが17歳の夏。バスケットボール部の夏合宿から戻った翌朝のことです。疲れ切って寝ていると、突然、兄が叫びました。

「おい、起きろ！　やばい、やばい！」

ソファで寝ていた母が口から泡を吹き、気を失っていました。

救急搬送先の病院で告げられた病名は、「解離性動脈瘤」。脳の中に動脈瘤ができてしまい、脳幹に近い血管が破裂したのです。医師からは「余命72時間」と宣告をされました。

「72時間以内に、もう1回、血管が切れる可能性が高い」

「次に血管が切れたら、助からない」

そう告げられた瞬間、自然と涙があふれ出しました。人の死をまざまざと感じて涙を流したのも、「人は必ず死ぬ」という事実に直面したのも、このときが人生ではじめてです。言いあらわせない強い悲しみと不安が、ぼくの心に襲いかかっていたのだと思います。

一命を取りとめるも半身不随に

ぼくと兄にできるのは、待つことだけでした。1日、2日と過ぎる中で、医師から「希望が見えてきた。血管が耐えている」と伝えられました。

「破裂した部分がかさぶたとなって固まれば、それが膜の代わりになって血流が正常に戻る可能性がある」というのが、医師の見立てでした。

そして母は、奇跡的に一命を取りとめました。

ただし万全な状態ではなく、後遺症が残りました。右半身不随になったのです（記憶に支障はなかったものの、思考力の低下も見られました）。

麻痺により足で自分の体重を支え切れず、退院後、母は何度も転倒するようになりました。その姿を思い返すと、今でも心がざわつきます。
母は当時、49歳。夫を失い、半身不随となって、再び試練に直面したのです。

母が倒れたからといって、自分の人生は終わらない

懸命なリハビリの末、母は障害者雇用で働きはじめるまでに回復しました。ただし収入は、生活費をギリギリ稼げる程度。兄は大学生で、ぼくは高校生。2人とも奨学金で学費は工面できたものの、家計は危機的状況です。

ですがぼくは、「この状況は、自分にとってどんな意味があるのか?」と考え、「今の状況も、たいしたダメージではない」と結論づけました。

「母が倒れたことは事実だ。でも、だからといって、ぼくの人生が終わるわけではない。自分は体も心も病んでいない。まだ17歳。人生はこれからだ。いくらでも学べるし、できることもある。

今の境遇を憂い、嘆き、悲しむのではなく、未来の自分をつくる糧に変えよう。この状況こそ、生活力をつける機会かもしれない。お金の管理を学ぶ機会かもしれない。家事を

覚える機会かもしれない。だったら、それをやり切ろう」
そう思って再出発したのです。

人生において「健康管理が最重要」という当たり前の事実

ぼくは母の姿を見て、「自立心を持って、自分の人生を生きることの大切さ」と同時に、**「健康管理・メンタルの大切さ」**を学びました。母のつまずきの一因は、その2つの管理に失敗したことにあったからです。

ぼくが今、「とりすぎるとガンになるリスクを上げる成分や化学物質の摂取を控える」「間食には菓子やスナック類ではなく、ナッツを食べる」「赤い肉（牛肉、豚肉、羊肉、ヤギ肉など）よりも、白い肉（鶏肉、魚肉）を食べる」「甘いものを食べたくなったらスイーツではなく、果物やハチミツを口にする」など、食に対する意識を持つようになったのも、毎日の筋トレや運動を欠かさないのも、医療系や健康系の書籍から知識を学び実践しているのも、母を通して、

「人生において、健康状態を保つことがもっとも重要である」

という当たり前の事実を心の底から理解できたからです。

倒れる前、母には、異次元のストレスがかかっていたのでしょう。ぼくも人の親ですから、母が置かれていた苦しい立場には同情的です。倒れてからも、40代で働く能力を失い、子育てもできなくなれば、想像を絶する不安やプレッシャーがのしかかったはずです。だからこそ、ぼくは母から得た教訓を生かして、できるかぎりの生活習慣の見直しと、ストレスをかけすぎない生活を心がけています。

これも、家族から得た大きな学びです。

「ひもじい」「貧しい」さえ、工夫次第で「楽しい」に変わる

工夫をすれば、お金以外にも解決策はある

母が倒れてからは、高校生だったぼくが家事の大半を担うようになりました。

食費にあてられるのは、「家族3人で、月3万円」。食材選びの基本は、「安くて、たくさん食べられるもの」。フルーツも牛肉も高くて、高校時代はほとんど口にできませんでした。

学校帰りには、毎日スーパーマーケット通い。おかげで肉や魚、野菜は値段の見当がつくようになりました。特売品のネギを山ほど抱えて山手線に乗ったこともあります（今考えれば、迷惑なことです）。

使えるお金が限られていた当時の主食は、100g40円を切る鶏ムネ肉でした。酢豚を

つくりたくても豚肉を買うお金はないので、鶏ムネ肉を揚げた「酢鶏」を食べていました。「大根のそぼろ煮」に使うひき肉も、当然、鶏ムネ肉です。包丁でたたいて手づくり鶏ミンチをつくっていました。それでも、十分、おいしかったのです。

お金をかけなくても、食卓を豊かにすることはできます。「ひもじい」「貧しい」を「つらい」と取るか「楽しい」と取るかは、自分次第。ぼくは「楽しい」と考えることにしました。家に置いてあった料理本をはじめて開き、「こんな調理法があるのか！」「こんな食べ方もあるのか！」とワクワクしたこともあります。

「3万円以内なんてムリだ」と投げやりになることはなく、「この3万円でどうやってやりくりするか？」を工夫するのは、ゲームのようで楽しいものでした。料理も好奇心を満たし、人生を豊かにしてくれる要素です。

料理以外の家事も、生活の知恵を身につけること自体が新鮮で、楽しい体験でした。

「アイロンは水を入れると、早くシワが取れる」「冬場に洗濯物を外に干すと手が痛い」「鶏肉＜豚肉＜牛肉の順に値段が高くなる」「サケとサンマはほかの魚より安い（当時）」——。こうした気づきも、一つひとつがすべて楽しかった。

「お金がない」のなら、「ない状況で何ができるか？」を工夫する。

月3万円の食生活を送りながら、ぼくは、

「解決策は、ひとつではない」

「工夫をすれば、お金以外にも解決策はある」

ことを経験的に学んだのでした。

捨てる神あれば拾う神あり

捨てる神あれば拾う神あり——。母が倒れて以降、ぼくには、「人のあたたかさ」に触れる機会が増えました。

たとえば、バスケ部の後輩のお母さんが、毎日、お弁当をつくってくれました。自分の息子と2人分をつくるのは、手間もお金もかかって本当に大変ですが、「気にしないで」と言ってくれる、その姿に感動しました。シューズやウェアを買うお金もなかったので、先輩と後輩からいらなくなったものを譲ってもらいました。「大変な目にあっても、助けてくれる人は必ずいる」と身をもって実感できたのは、このご家族や先輩・後輩のおかげです。

先生にも恵まれました。学生服のおしりが破れてしまい、下着が見えるような状態になったことがあります。もちろん、買い換える余裕はないため、そのままはいていました。するとバレーボール部の顧問の先生が、「これ着なよ」と制服のズボンを渡してくれたのです。ぼくが「誰のですか？」と聞くと、先生は「オレが高校のときの学ラン。背も同じくらいだからちょうどいいし、さすがにおまえ、穴のあいたズボンをいつまでもはいているわけにはいかないだろ？」と手を差し伸べてくれました。

ぼくは、多くの人に助けられて、苦しい状況を乗り切ることができたのです。

ぼくが自分の状況をただ嘆いていたり、ましてまわりを妬《ねた》んだり、誰かのせいにしたり、不平不満を口にしていたら、誰も助けてはくれなかったと思います。哀れみの目で見られたはずです。

ぼくは、「誰かに依存しよう」とは思っていませんでした。**「現実を受け入れて、自分にできることを、自分でやっていくしかない」**と前向きに解釈していました。

でもだからこそ、甘えの意識がなかったからこそ、結果的に多くの人が支えてくれたのだと思うのです。

「嫌だ」という感情と「それをも学びにできる姿勢」は共存できる

体育会系の〝無駄〟の中にも、学びがある

ぼくは学生時代、リベラルアーツに傾倒し、教養書に浸って「思考の世界」を旅する時間が好きでした。

ですがオタク気質一辺倒ではなく、スポーツも好きで、中高時代はバスケットボール部に所属。人気コミック『SLAM《スラム》 DUNK《ダンク》』にもれなくあこがれて、バスケに打ち込みました。今でも社会人チームでプレーするなど、バスケは、ぼくにとって人生の柱のひとつです。

ぼくがいたバスケ部は、ゴリゴリの体育会系でした。鬼のような監督に、厳しすぎる練

習。合宿はこの世の地獄でした。朝7時から夜9時過ぎまで練習して、その後は正座でミーティング。いつも、満身創痍《そうい》でした。

それでもぼくは、そんな状況が嫌ではなかった。練習が過酷でも、「退部したい」と思ったことはありません。

ぼくの学生時代は、完全に上意下達、スパルタ体育会系のノリが主流でした。

ですが、現在では、

「根性論、精神論には論理性がない」

「理不尽なことを我慢しても、強くはならない」

「鉄拳制裁によるスパルタ指導では、人は伸びない」

など、体育会系気質に否定的な風潮、論調が強くなっています。

たしかに気合と根性だけでは、「10」の成果を「10・1」や「10・2」に引き上げることはできても、「100」にするようなアイデア、イノベーション、発想を生み出すことは難しいでしょう。

一方でぼくは、体育会系の厳しさが「まったく無意味である」とは思っておらず、
「部活の厳しさにも意味があるのでは？」
「ここからも学べることがあるのでは？」
と前向きに考えていました。

厳しい環境でも逃げ出さず、礼儀も重んじながら、チームワークを育てていく。そのプロセスは、スポーツでもビジネスでも同じです。

また、部活でつちかった体力や精神力は、ぼくが起業したり、スタートアップで活躍したりするための原動力になっています。

そして、リベラルアーツ（文化系）とバスケ部（体育会系）という両端に身を置き、それぞれ手を抜かず、全力で取り組んだ結果、**「考え方の振り幅」が大きくなった**気がするのです。

もしあなたが今、「自分の部活はなんかやり方が古いな」「時代に合ってないな」と思っているなら、

「部活には楽しいことだけではなく、大変なこともたくさんある。けれど、そこから学べることもたくさんある」

と考え方を変えて、一度本気で踏ん張ってみるのもいいと思います。「部活の厳しさ」を乗り越えることで、自分の希少性が上がることもあるからです。

厳しい上司、親、先生に当たったときは、誰しも「面倒だな」「嫌だな」と思うものです。ぼくもそうです。

ですが、「嫌だ」という感情と、「それをも学びにできる姿勢」は共存できるはず。厳しさを学びに変えられたとき、ぼくらは**「おいしい経験をした」希少価値の高い人材**になっているのだと思います。

事実は変えられなくても解釈は変えられる

今のこの状況も、必ず自分のプラスになる

2012年、ぼくは学生でありながら執行役員という立場で、株式会社クラウドワークスに参画しました（くわしい経緯は後述します）。

2014年8月に取締役に就任、同年12月に東証マザーズ（当時）に上場を果たしました。

上場による追い風は想像以上で、クラウドワークスの環境は激変します。わずか1年で社員数は約3倍（29名から100名以上）に増え、事業も多角的に拡大。しかし、組織マネジメントの脆弱《ぜいじゃく》さが災いし、やがてゆがみが生じはじめました。

組織不和によるモチーベーションダウン、離脱者の発生。新規事業もうまくいかない。金融分野へ進出して新会社を設立するも、約1年で解散。システム開発やブロックチェーン開発の会社を買収するも、のちに売却……。

経営陣の声は社員に届かず、役員同士が対立し、批判や非難が飛び交い、停滞感が漂う。代表取締役社長兼CEOの吉田（浩一郎）さんとぼくの関係も、疎遠になった時期がありました。

「吉田と成田は戦犯だ！　無能だ！　退場しろ！」

「もう、こんな会社はつぶしたほうがいい！」

株価の下落に歯止めがかからず、ネットの掲示板などでは投資家からの厳しい声にさらされました。

自分は何をすべきなのか？　自分に何ができるのか？　自問自答する日々が続きました。正直、「こんなに苦しいのなら辞めてしまおうか」と考えたこともあります。

それでも、踏みとどまる選択をしたのは、

「今ここであきらめても、問題を根本的に解決しなければ、次も同じだ」

と考え、発想を逆にして、

「この状況は、人生のヒントをつかみ取るチャンスだ」

「長い目で見たとき、今のこの状況は、自分の人生にとってプラスになる」

と、解釈を変えたからです。

その後、4年かけて「経営陣の考え方の統一」「会社の価値観の明確化」「収益事業への集中」「不採算事業の整理」といった経営転換に力をそそいだ結果、会社は生まれ変わり、業績も大改善。2022年度には売上100億円、営業利益10億円を達成し、売上の年間成長率は30％を超えました。社員や投資家の信頼を回復できたのです。

「逆境→学び」の積み重ねがその人だけの人生をつくる

生きていると、自分の力ではコントロールできないことがたくさん起こります。人の死、病気、株価、気象、自然災害……。

コントロール不能の事態に直面したとき、ぼくたちにできるのは、

「学びに変えていく」

「解釈を変えていく」

ことだけだと思います。

苦しいことが起きたら、その一瞬は泣いてもいい。

ですが、「どうして、こんなことが起きたんだ！」と腹を立てていても、「なんでこんな目にあうんだ……」とふさぎ込んでいても、状況は好転しません。

「過去は変えられない」「時間は巻き戻せない」「しかたがない、そうなったんだから」と割り切って、**「では、ここから何が学べるか？」と切り替えていく**しかない。


中学、高校時代のぼくに、自分の現状を論理的に分析できる思考力はありませんでした。父親が失踪したことも、母親があのタイミングで倒れたことも科学的には説明がつかないし、誰にも理由はわからない。ですがぼくは、

「きっとこれは、何かの暗示なんだ」

「悲しんでいても何も変わらないんだ」

と解釈し、そう思い込むことで心のバランスを保ち、前に進む原動力に変えていきました。

そもそも、ぼくは楽観的でも楽天的でもありません。それでも10代での経験を通して、「人生ではいつ何が起きてもおかしくない」し、「どんなにつらいことが起きても、解釈次第で学びに変えられる」ことを理解しています。

だからぼくは、

「最後はきっとうまくいく」

「未来はきっと明るい」

と信じ込むことができます。

プラス思考は性格ではなく、スキルです。「すべては学びになる」と自己暗示をかけるように思い込むことからはじめて、だんだんと身につけていけるもの。それによって、自然とものの見方や考え方が変わり、苦難もしなやかに乗り越えていく人生に近づいていけるはずです。

繰り返しになりますが、出来事をコントロールすることは誰にもできません。

ですが、出来事の解釈をコントロールすることは可能です。

そして、**「逆境→学び」の積み重ねが自分の個性となり、強みとなり、人生をつくる**のだ、とぼくは考えています。

出来事の価値を決めるのは自分自身

疫病、天災、戦争……、人類は多くの惨事を乗り越えて、たくましく進化してきました。人ひとりの成長も同じだと思います。逆境や困難に落ち込んでも、つらさに耐える力、回復する力、成長する力を誰もが持っている。

だからぼくは悲観せずに、
「どんな荒波も、どんな壁も、乗り越える方法は必ずある」
「暗闇を抜けた先には、明るい未来がある」
と、先を明るく見ることを意識しています。

出来事はすべて中立であって、出来事そのものに「良い・悪い」「楽しい・悲しい」といった評価のレッテルが、最初から貼られているわけではありません。そうした評価を決めているのは自分自身、自分の解釈です。

出来事をどの角度から見るのかによって、解釈は変わります。**大切なのは、「何が起きた**

か？」よりも、「自分はどうとらえるか？」です。

解釈が変われば、次の行動が変わります。

行動が変われば、結果が変わります。

逆境や困難に見舞われたとき、「逆境や困難こそが教師である」「自分が新しく変わるチャンスである」と解釈する。そして粘り強く行動する。

そうすれば、今の苦しさは、必ず**未来を変える、価値ある原動力**に変わるはずです。

トラブルは人生の「伏線」にすぎない

「自分が主人公のドラマ」をどうつくるか

ぼくは、「人生は、自分を主人公に据えたドラマ」だと考えています。

ドラマや映画は、ストーリーにアップダウンや振り幅があるからおもしろいのであって、主人公が平坦な人生を歩んでいたら、退屈なだけです。

人生を感動的なドラマにするには、チャンスだけでなく「ピンチ」が必要です。

仲間だけでなく「敵役」「悪役」も必要です。人生で出会う人はみな、共演者です。

そして今の困難や今の感情は、ドラマを盛り上げるために必要な「伏線」、のちの展開に関わる事柄のひとつにすぎません。自分に起きている出来事には、何らかの意味が隠されています。その意味が明らかになるのは、今ではなく「この先」です。

ですから、人生に起きる「トラブル」＝「伏線」と受け止めて、次の展開を待てばいい。その伏線が回収されるまで待てばいい。

ぼくがそうだったように、つらいこと、苦しいこと、悲しいことは、のちに「自分を成長させるきっかけ」として伏線回収されることがあります。

「人生はドラマ。トラブルは伏線」と考えることができたら、

「このトラブルが、ドラマをおもしろくするんだ」

「失敗したら失敗したで、それもまたおもしろいな」

「点と点が、どう線に結びつくかが楽しみだ」

と、心の余裕を持つことができると思います。


たとえば、NHK大河ドラマの名作『竜馬がゆく』。このドラマを観るとき、ぼくたちは主人公・坂本竜馬の人生を俯瞰《ふかん》して楽しんでいます。

それと同じで、ぼくは『修造がゆく』というドラマの主人公、成田修造を俯瞰し、外側

から見るように心がけています。脚本家の立場から、演出家の立場から、そして視聴者の立場から、登場人物としての自分を見るのです。

物事を俯瞰すれば、見渡せる範囲が広がります。大局を理解できます。

すると、狭い視点に立っていては気づかなかった解決策が見つかることもあります。

「楽しいことが10あったけれど、苦しいことも10あったから、プラスマイナスゼロ」

と考えるのではなくて、

「楽しいこと10」＋「苦しいこと10」＝「経験の総量20」

と考える。

そのほうが、人生というドラマはおもしろくなるはずです。

第2章

自分の個性を見つけ、信じ、育てる

自分のこれまでの行動、性格、
部活やサークル、コミュニティ、
どんなことに「おもしろい！」と思ったかなど、
人生を振り返って分析し、
自分の個性をキーワードであらわしてみよう。
その個性を信じ、育てていくことが、
自分らしい人生を歩む最大の鍵になる。

「我を知らずして外《ほか》を知るといふ理《ことわり》あるべからず。
されば、おのれを知るを、物知れる人といふべし」
―― 吉田兼好『徒然草』

「やってみたいこと」があるなら、遠回りはしない

2点届かず東大に不合格

ぼくが大学受験を真剣に考えはじめたのは、高校3年の9月です。受験は翌年2月なので、残りは5ヵ月。受験校は、兄のいる東京大学文科二類と、慶應義塾大学経済学部に決めました。

お金に余裕がなかったので、塾や予備校に通うことはできず、学校の授業と参考書だけでのぞみました。

兄の悠輔が紹介してくれた和田秀樹さん（受験アドバイザー、精神科医）の本を読み、「受験勉強は、ゴールから逆算して必要最低限の点数を取り切れるかどうかのゲームであ

る」ことを学びました。とくに参考になったのは『和田秀樹＋柴田孝之の東京大学受験作法』（ダイヤモンド社）や『新・受験勉強入門　勉強マニュアル』（ブックマン社）などです。

時間がなかったため、その教えに従って「合格最低点スレスレで受かればいい」とプランを立て、「全体で何点くらい取れたら合格できるか？」を考え、科目別に目標点数を決め、時間を割り振って勉強に集中しました。約半年間だけでしたが、1日10時間以上は勉強したと思います。

勉強場所は、自宅か図書館。カフェで勉強することもありましたが、一番安いチェーン店に入り、コーヒー1杯で何時間も滞在。「ガムシロップは貴重なデザート」と考え、ちびちび飲んで糖分を補給していました。余ったガムシロップをあとで飲もうとカバンに入れたものの、いつのまにかふたが破れていて大惨事になったこともありました。

受験結果は、慶應……合格、東大……不合格。

東大は、合格点にわずか2点及ばず、落ちてしまいました。

「浪人してもう一度東大を目指す」という選択肢もありましたが、ぼくは「浪人はせず、慶應に入る」ことを選びました。

なぜ東大を選ばなかったのか？

浪人して東大を目指す道を選ばなかった理由は、おもに2つあります。

①目標は達成できたから

東大には合格できませんでしたが、挫折感はありませんでした。なぜなら、「自分が設定した点数」には到達していたからです。

「時間的に、合格最低点を目標にするのが一番効率的だったのは間違いない。今年は合格最低点が上がったので不合格になったけれど、『自分が目標とした点数』はクリアできた。だから、『受験に失敗した』とは言えない……」

そう考えたとき、浪人する意味を見いだせませんでした。

はた目には、「あきらめるなんて、もったいない」と思えたかもしれません。でもぼくにとって大学受験の目的は、「東大に合格すること」以上に、「目標から逆算してプロセスを最適化するゲームを学ぶこと」であり、「自分が立てた数値目標をクリアすること」でした。

大学受験を「目標達成のプロセスを学ぶ場」としてとらえた場合、「合格最低点をクリアすること」という目標は達成できたわけですから、再チャレンジは必要なかったのです。

②「進みたい方向」が見つかったから

高校卒業前に、兄から、次のようなアドバイスをもらいました。

「これから大学に入るときに、大事な観点が3つある。それは、『会計・財務』『ソフトウェア』『起業家精神』だ」

どうしてこの3つだったのか、兄も覚えていないと思います。もしかしたら、「弟はビジネスの世界に向いている。だとすればお金、ソフトウェア、そして起業家精神は絶対に不可欠」と思ったのかもしれません。

そのアドバイスとともに、本を2冊、紹介してくれました。

大前研一さん（経営コンサルタント、元マッキンゼー・アンド・カンパニー日本支社長）

の『企業参謀―戦略的思考とは何か』(プレジデント社)と、保田隆明さん(慶應義塾大学総合政策学部教授)の『実況LIVE　企業ファイナンス入門講座』(ダイヤモンド社)です。

読了後、ぼくは純粋に、

「ビジネスの世界って、おもしろそう!」

と思いました。

①解決したい課題やゴールが明確なものが多い
②チームスポーツに似ている
③実社会と密接につながっていて、インパクトが大きい
④うまくいけば経済的にも恵まれる

といった理由からです。

「ビジネスと関わる」「ビジネスを学ぶ」という視点で進学を考えたとき、「東大か、否か?」は重要には思えませんでした。

むしろ浪人をすれば、1年間はそのために使えなくなります。

「おそらく自分は将来、ビジネスの道に進む。だとすれば、さっさと次のステージに行ったほうがいい。仮にこの先、『やっぱり東大に入りたい』と思ったら、慶應に通いながら受験勉強すればいいのであって、今、浪人する必要はない」

と考えました。

ぼくは、自分が読んだもの、触れたものの中で、「これは、おもしろい」と思ったものがあったら、「おもしろいと思った理由」を俯瞰して考える習慣があります。**「おもしろいと思った理由」をひも解いていくと、「やりたいことのヒント」につながる**ことが多いからです。

ぼくは、2冊の本との出合いによって「ビジネスへの興味」という扉が開かれました。そして、「会計・財務」「ソフトウェア」に関する知識や経験、「起業家精神」を磨き、ビジネスへの足がかりをつくろうと決め、慶應義塾大学に入学したのです。

自分の強みは「他者との比較」の中でこそ見えてくる

「オールラウンダー」は「中途半端」と同義

中学、高校時代のぼくは、何事もそつなくこなす「オールラウンダー」タイプでした。一方で兄にはたびたび、「オールラウンダーというのは、中途半端と同じこと」と嫌味を言われていました（笑）。

たしかにぼくは、勉強でもスポーツでも、いわゆる「競争」というカテゴリーの中で圧勝した経験がありません。「そこそこ、いい線」までいくことはできるのです。ですが、最後の最後まで勝ち残り、日本一を取るようなことはできません。だから、「わかりやすい競争の世界に身を置くかぎり、『そこそこ』で終わりそうだ」

と考えるようになりました。そして、

「だとすれば、最初から競争のストレスにさらされず、自分の強みを発揮できる場所を探すべきだ」

と思い至ったのです。

自分の強みを発揮できる場所を探す。そのためには、自分の特徴、好き・嫌い、得意・不得意への理解が不可欠です。

大学に入る頃には、「自分の得意なこと」や「好きなこと」を分析するようになっていました。兄である「成田悠輔」という明確な軸との比較を通して、「そろそろ自分も、オリジナルの軸を見つけよう」と思ったのがきっかけです。

自分の軸を見つける方法のひとつは、「相対的に自分を位置づける」ことです。つまり、

「誰かと比較して、自分の強みを考える」

ことです。

自分の考え、言動などを省みるだけでは、「自分の好きなほう」「都合のいいほう」に解釈することが多くなり、自分の全体像を知るのが難しくなります。

自分の中で強くイメージできる人を置いてみて、その人と比較してみる。

「自分と似ているな」「ピンとくるな」と思う人に焦点を合わせて、ピンときた要素を抽出し、分解してみる。

そうすることで、「自分」という存在を簡単に知ることができるのです。

ぼくは兄との比較の中で、自分の強み（自分の軸）を模索しました。

兄にはなくて、自分にある強みとは？

兄は典型的な研究者タイプ。「好奇心旺盛で、探究心が強い」「チーム競技は苦手で、社会にも迎合したがらない」「わかりやすい価値（お金など）には興味を示さない」というように、ぼくの目には映りました。

ひるがえって自分はどうかというと、

「知的好奇心はあるが、ひとつのことを探究したいとは思わない」

「問題解決志向（顧客志向）が強い」

「社会にインパクトのあるサービスを生み出すことに興味がある」

「チームスポーツが好きで得意なほう（苦行でしかないような部活でキャプテンを務めるタイプ）なので、社会に合わせるのも上手なほうだ」

「お金にも興味がある」

といった特徴（強み）が見えてきました。

その結果、

「研究の世界よりも、実学の世界（ビジネスの世界）のほうが向いている」

と、進むべき方向が見えてきたのです。

自分の個性を「キーワード」であらわしてみよう

自分をあらわす5つのキーワード

自分が満足できる充実した人生にしていくためには、これまでの人生を振り返り、そのストーリーから、自分の個性をあらわすとともに、今後の人生でカギになるワードを見つけるという方法も有効です。

ぼく自身は、まず中学、高校時代に「リベラルアーツ」と「スポーツ」に興味を持ち、大学入学前後から「ビジネス」と「テクノロジー」に触れるようになって、「おそらく、このあたりが自分の人生のキーワードになるんだろうな」という自覚がありました。

そして、「このあたり」を具体化した結果、次の5つのキーワードが明確になりました。

①哲学的思考・論理性
②チームワーク
③負けん気・プライド
④ビジネスへの興味
⑤テクノロジーへの好奇心

この5つは、「競争のストレスにさらされず、自分の強みを発揮できる場所」を見つけるための軸にもなりました。

本書を手にしているあなたも、自身の人生のストーリーを分析し、キーワードを探ってみてください。例示を兼ねて、ぼくのキーワードについてもう少し説明してみます。

【成田修造をあらわす5つのキーワード】

①哲学的思考・論理性

中学時代に兄から「読書リスト」をもらって以降、リベラルアーツへの関心、とくに哲学や論理学への興味が芽生えました。

中学生でありながら東大で「人生哲学」についての講義を聞き、自分なりに「社会とは？　国家とは？　人とは？」という問いを立てていました。人生や幸福というものに対しても考えることが多く、その根底には、14歳で起きた家庭崩壊があったと思います。

高校時代には、「インフレ」や「金利」をテーマにした論文を書いて先生に提出するなど、

「文章で物事を考える（考えを言語化する）」

「ロジカルに物事を整理する」

「自分の考えを順序立てて説明する」

ことが好きでした。人前で何かを話すことも嫌いではありませんでした。

②部活でつちかったチームワーク精神やスポ根精神

リベラルアーツに興味を持つ一方で、体育会系バスケ部に所属。時として殴られるという経験もありましたが、体育会系の発想は嫌いではなく、

- チームで何かを成し遂げる達成感

- 限界ギリギリまで自分を追い込む経験
- 試合中の緊張感との向き合い方
- 先輩・後輩とのコミュニケーション
- 決められたスケジュールの中で結果を出すプロセス
- 体調管理のしかた

など、厳しい環境に身を置いたからこそ得られた学びがたくさんありました。

③負けん気・プライド

負けず嫌いやプライドの高さも、ぼくの特徴のひとつです。小学生の頃、『日本国憲法』片手に議論を吹っかけるなど、自分が納得できないことがあれば先生にも歯向かっていましたし、「できないこと」をそのまま放置することにも抵抗感を覚えました。

ぼくにとって負けん気やプライドの高さは、物事に向き合う原動力でした。うまく生かせば強みになります。

④2冊の本で感じた「ビジネスっておもしろい」という感覚

高校時代、兄にすすめられて大前研一さんの『企業参謀―戦略的思考とは何か』と、保田隆明さんの『実況LIVE　企業ファイナンス入門講座』を読んだことで、「ビジネスっておもしろい」と思うようになりました。

・戦略的に組み立てていくこと
・数字で定量的に価値を測っていくこと
・チームで難題に立ち向かっていくこと

など、ビジネスの特徴が自分の強みにピッタリはまる感覚がありました。

⑤世の中を変革していくテクノロジーへの好奇心

兄から「ちょっと、これを観ろ」と勧められたのが、スティーブ・ジョブズがiPhoneを発表したときのプレゼンテーション動画（2007年）でした。

ぼくは、ジョブズが何者なのか知らなかったし、英語もよくわからない。それでも、動画から「人を引き込むオーラ」のようなものを感じました。あのプレゼンを観て、「あ、かっこいいな」と思えたのは貴重な体験です。

もうひとつ、マサチューセッツ工科大学教授でメディアラボ副所長の石井裕さんが出演した「プロフェッショナル　仕事の流儀」（NHK、2007年）を観たときも、衝撃を受けました。石井さんの「英語力ではなく、人間力で結果を出す姿」に胸を打たれたのです。

「すでにある研究の改良や性能の改善は、決して行わない。誰もやっていない新しい研究を目指す」

「天才たちの中で認められるため、同僚の2倍働き、3倍の成果を出すことを自らに課す」

「『なぜ？』という問いは、その研究の根本を問いかける質問だと考える」

といった石井さんの考え方は刺激的でした。なかでも、

「出すぎた杭は誰にも打てない」

というメッセージに、その後、ぼくは何度も救われました。

ジョブズと石井さんの存在が、

「何かをつくり出す仕事は尊い。自分も新しい技術で世の中を変える仕事がしたい」

と考えるきっかけになったのです。

これらの5つが「成田修造という人間を構成するキーワード」として、20歳の頃に浮かび上がってきました。

SNSでは、「悠輔と修造は兄弟でも考え方が全然違う」と言われることも多いのですが、当たり前です。自分と向き合って、兄とはある意味真逆の軸を探し、それを育てるという経験を積み重ねた結果が、今のぼくなのですから。

1枚のチラシさえ 時には人生の岐路となる

国際ビジネスサークルでビジネスを模擬体験する

大学入学後、漠然と「ビジネスがやってみたい」と思っていたとき、1枚のチラシが目に入ってきました。学生シンクタンク「WAAV《ワーブ》」（We Are Another Vector!）のチラシです。思いがけず、このたった1枚のチラシが、その後のぼくの人生を大きく変えることになりました。

「WAAV」は、東大、慶應、早稲田の大学生を中心として構成された学生団体です。次の3団体の総称で、「ビジネス・政策・国際」の3企画をテーマに、学生による社会への価値発信を行っています。

- 日本最大級のビジネスコンテストを運営する「ＫＩＮＧ《キング》」
- 日本初の政策立案プロセスに関するコンテスト「ＧＥＩＬ《ガイル》」
- 日中韓の学生による国際ビジネスコンテスト「ＯＶＡＬ《オーバル》」

かつて、兄が「ＧＥＩＬ」に所属していたことを思い出し、サークルの新入生向けの紹介イベントに顔を出すことにしました。

その後、ＯＶＡＬに所属。ビジネスコンテストの運営側メンバーとなったことで、

「自分の特徴を再認識する」
「自分の強みをさらに伸ばす」
「自分の個性、強み、得意を発揮するための『居場所』を見つける」

ことができました。

このサークルとの出会いは、ぼくの人生を決定づける大きな岐路になりました。「ビジネスをしてみたい」というおぼろげな感覚に輪郭を与えることができたからです。

ビジネスの疑似体験を通して、「自分の手で価値を生み出すおもしろさ」と「その価値を

お金に変えていくプロセス」を体験的に理解できました。

当時学んだ、以下のようなことは、今に至るまで役立っています。


【ビジネスサークルで学んだ3つのこと】

①国際的な視野と語学力

コンテストにおける公用語は英語だったので、英語を「話すツール」として使ったはじめての経験をしました。

ぼくは今も英語はさほど得意ではありません。それでも「そこそこ通じる」ようになったのは、「話す量」が圧倒的に増えたからです。

また、企画・運営は日中韓の委員会の連携によって行われているため、国際的な視野とネットワークを持つことができました。このときから、「いつか世界中の人と仕事をしたい」「世界中の人にサービスを届けたい」と思うようになりました。

②多様性を認める姿勢

日本・韓国・中国には歴史をめぐる認識や生活様式の違い、文化や思想の違いがあります。たとえば、「トイレットペーパーの処理のしかた」ひとつ取っても、考え方が違うことを知りました。歴史観も当然、違いました。「コンテストに参加するチーム名の中に、第二次世界大戦中の日本の船の名前がある。これは侮辱だ。今すぐ変えてくれ」と抗議されたこともあります。ぼくたちが無意識に取る行動が、誰かの逆鱗《げきりん》に触れることもある。貴重な体験でした。

こうした考え方の違いを理解し、チームとしてまとめていくプロセスの中で、

「自分と違う価値観を認める」

「多様性を受け入れる」

「人と自分が違うのは当たり前である」

という認識が持てるようになった気がします。

多様性が高い、異質な人をそのまま受け入れ、協力し合うことで相乗効果が生まれ、より良い人間関係、より良い仕事が生まれていく。今も役立つ自分の軸のもととなった経験でした。

その一方で、

「違いばかりではなく、共通項もたくさんある」

ことも理解しました。なかでも、「リーダーシップ」は言語や国籍を問わないもので、情熱を持って正しいリーダーシップを発揮すれば、どの国の人でもついてきてくれると知りました。

③「世代が上の大人」たちからの刺激

ＯＶＡＬの先輩には、新しい価値を創出するベンチャー起業家が数多く名を連ねています。先輩方の言葉やその生き方は、ビジネス感覚を身につける上で大切な示唆に富んでいました。

- 出雲 充さん　ミドリムシの研究者で、バイオベンチャー企業「株式会社ユーグレナ」創業者

当時は誰ひとりとして注目していなかったミドリムシの活用に命がけで挑戦し続ける姿を目の当たりにし、誰よりも勇気をもらった方です。

- 松本恭攝《やすかね》さん　年商３００億円を超えるメガベンチャー「ラクスル株式会社」代表取締役社長兼ＣＥＯ

ぼくが起業したときも、その後うまくいっているときもいっていないときも、常に変わらない率直さで叱咤激励し続けてくれた先輩です。

- 柴田 陽さん　新しい事業を連続して立ち上げる連続起業家、エンジェル投資家
- 稲田武夫さん　クラウド型建設プロジェクト管理サービスを提供する「株式会社アンドパッド」代表取締役社長兼CEO
- 川西康之さん　事務管理を効率化するクラウドサービスを開発、運営する「freee株式会社」執行役員
- 鳥《と》巣《す》知《ち》得《とく》さん　中国の育児メディア「Babily《ベイビリー》」を展開する「One《ワン》dot《ドット》株式会社」CEO　など

ぼくが18歳から20歳の間に出会った「大人たち」（起業家の先輩たち）には、次のような4つの共通点がありました。

【成功する起業家の4つの共通点】

①「世の中は変えることができる」と信じている

②「世の中を変えるのは、ほかの誰でもなく『自分』だ」という使命感がある
③未来に対する明確なビジョンがある
④知識の幅が広く、総量が多い

『ゼロ秒思考』（ダイヤモンド社）の著者、赤羽雄二さん（元マッキンゼー・アンド・カンパニーのコンサルタント）には、イベントの内容から運営までさまざまな助言をいただきました。そうした中で、**「体系化されたフレームワーク」「返答スピードの速さ」「理路整然とした、すきのない思考力」**など、ビジネスに必要な視点を学ばせていただきました。

毎日のように赤羽さんにメールしては助言をもらい、コンテストの内容をブラッシュアップしていったあの時間は大きな財産となりました。「これが一流のビジネスパーソンのコミュニケーション術か！」と驚き、自分の会話の質が一気に上がったことを今でも覚えています。

現在、ぼくが10代、20代の若手にアドバイスをするようにしているのは、自分が受けた恩に対する「恩送り」のような気持ちがあるからです。

前向きな勘違いを原動力にする

応援してくれる人がいるなら、その言葉を信じてみる

国際ビジネスサークルでは、イベントの開催資金が1000万円近く必要だったことから、協賛企業を募る必要がありました。

その営業活動を通して、当時、日本ゼネラル・エレクトリック社長だった藤森義明さん（元LIXILグループ取締役代表執行役社長・CEO／元ゼネラル・エレクトリック・カンパニー シニア・バイス・プレジデント）、『僕は君たちに武器を配りたい』（講談社）の著者で経営コンサルタントの故・瀧本哲史さんなど、そうそうたる方々から支援と叱咤激励をいただきました。

赤羽さんには「起業家として大成する可能性があるから、やったほうがいい」、佐藤輝英さん（Eコマース事業とインキュベーション事業を手掛けるBEENOSの創業者）には「君はセンスがあると思う」、藤森さんには「グローバルに通用する会社をつくれる可能性があると思うし、応援もする。けれど、もし就職するんだったらうちに来てよ」

などと声をかけていただきました。

大学1年生だったぼくに実力があったわけもなく、「学生にしては、よく頑張っている」「『起業したい』という思いを持ち続けてほしい」「あきらめないでほしい」という、あたたかな励ましだったのだと思います。

それでも、「第一線で活躍する人たちが自分を肯定してくれた」という事実は、ぼくの背中を強く押してくれました。

「自分は起業や経営に向いているかもしれない」

という思いに弾みがつき、ワクワクしました。そして、

「やりようによっては、ぼくにも同じことができるのでは？」

「自分と先輩たちの間に、さほど大きな差はないのでは？」

という**前向きな勘違い**が生まれ、その勘違いが行動の源泉になりました。先輩たちの何気ないひと言が大きな後押しになったのです。

実は、これだけ肯定された経験は、人生ではじめてのことでした。

ぼくはもともと、自己肯定感が高くはありません。昨今では、「子育てでも自己肯定感を育てることが大事だ」といった話を耳にします。ですがぼくは、親からも先生からもほめられた覚えがなく、部活でも怒られてばかりでした。

たとえひとりでも、「応援してくれる人」「共感してくれる人」「肯定してくれる人」がいるのであれば、その人の言葉を信じてみてください。それは、あなたを動かす力になります。そして、確実に未来を変えていきます。

自分の特徴をさらに強めてくれる「コミュニティ」とは？

ぼくはどのテーマ、どのジャンルで世の中を変えていきたいのか？　自分に問いかけてみたとき、最初にはっきりと頭に浮かんだのは、**「教育を変えたい」**という思いでした。

書籍、映画、芸術、学外サークルなど、「学校以外の場所」「学校では教わらない情報」「学校では出会えない大人たち」から学びを得たぼくには、現行の中・高・大学の教育が理想的とは思えなかったのです。

「学校では教わらない情報に早い時期からたくさん触れて、思考を変え、行動を変えることができれば、もっと社会は良くなるはずだ」

ぼくにはそう思えました。

とはいえ、18歳のぼくが「将来は学校をつくって教育を変えるんだ！」と声を張り上げたところで、誰も振り向いてくれないことはわかっています。まだ何者でもなく、何の結果も出していないのだから当然です。

人は、結果についてくるものです。そこで、「まずは、ビジネスの世界で結果を出そう」という意欲が芽生えました。

コミュニティに所属することは、自分の特徴をさらに伸ばすためにも、自分の特徴を発見するためにも重要です。

コミュニティの中で多様な人たちと接点を持つことで、自分の考えや気持ち、どういう方向に進みたいかというビジョンの解像度を上げることができます。

ぼく自身、コミュニティ（ビジネスサークル）で「同じ目的意識を持つ仲間」「ロールモデルとなる先輩起業家」と出会い、その中で自分の特徴（前述した5つのキーワード）がさらに際立ったと実感しています。

こうして、ビジネスサークルでの活動を通して、

①起業家、経営者として一定の成果を上げること

②教育の世界に入っていくこと

という2つの目標が決まったのでした。

子どもを育てる経験も人生を豊かにする

18歳のときに「23歳で結婚する」と決めた理由

大学1年のとき、「起業する」「教育に携わる」という2つの社会的な目標のほかに、プライベートの目標も決まりました。

「23歳くらいで結婚して、家庭を持とう」

という目標です。


ぼく自身、中高時代、家庭の崩壊や母と祖父母との軋轢《あつれき》を目の当たりにしているので、「自分が家族を持ったら、どんな家庭が築けるのかな」

という興味がありました。

ぼくは、「自分がすごく不幸な家庭で育った」とは思っていません。それでも母がつらそうに毎日を生きているのを見ながら、

「人間の幸福とは、何なのか？」

「人生とは、何なのか？」

「家族の幸せとは何なのか？」

「どうして父と母は苦しみ続けたのか？」

と考えざるを得ない日々でした。

その答えに近づくためにも、「自分が幸せな家庭というものをつくってみるのも、おもしろい目標だ」と思えたのです。元来、人と接することが好きだし、教育にも興味がある。「自分で子どもを育てる経験は、人生を豊かにするはずだ」とも考えました。

18歳のときから、「起業して、23歳くらいで結婚して、家庭を持つ」というイメージをふくらませ続け、結果的に24歳で結婚。26歳で第一子を授かり、今では2人の子どもと家族4人で楽しく暮らしています。

妻はぼくとは真逆で、「本当に幸せな家庭で育った人」です。ぼくにはない天性の明るさ

を持つ彼女と出会い、結婚できたことは、ぼくの人生の中でもっとも幸福なことのひとつです。

ぼくの母は父に依存し、自分の両親に縛られていました。メンタルが常に不安定で、自分自身を肯定できなかった。解釈を変えることもできなかった。そんな母を見ていると、

まず親自身が、

「自分の人生を肯定的に解釈する」

「自分の前向きな姿を子どもたちに見せる」

ことこそ、家族の幸せをつくる基礎ではないかと感じます。

ですから、ぼくは自分の子どもたちに、

「人生は解釈次第である」

「何があっても自分を否定してはいけない」

ことを「自分の姿」を通して伝えていきたいと考えています。

ぼくの今の目標は、ビジネスと子育ての二刀流。どちらも犠牲にせず、どちらにもコミットし、圧倒的な成果を出すことです。20年かけて成果を出すために奮闘しています。

自分の強みがわからないのは、「知識が足りない」から

個性は、知識や情報が足りないと発掘できない

「自分の強みがわからない」「自分の特徴（個性）が見つけられない」といった悩みを聞くことがあります。もしそうだとしたら、原因のひとつは「知識（情報）不足」でしょう。

ぼくは、「知識や情報が足りないと、自己理解が進まず、自分の個性を発掘できない」と考えています。

ぼくが自分をあらわす5つのキーワード（哲学的思考・論理性／チームワーク／負けん気・プライド／ビジネスへの興味／テクノロジーへの好奇心）を見つけられたのも、中高

時代から吸収してきた知識や情報を整理した結果です。

ぼくが本を読まず、スポーツをせず、音楽を聴かず、芸術に触れず、兄や友人の話にも耳を傾けずにいたら、興味の幅は広がらず、自分の強みに気づくことはなかったはずです。

たくさんの知識、情報に触れると、その中に必ずピンとくるものやワクワクするものがあります。

ピンときたら、ワクワクしたら、

「自分だったら、その世界でどんなことをやってみたいか？」

「このジャンルの仕事に就いたとしたら、どんなことをしてみたいか？」

「このテーマを人生に取り入れるとしたら、どんなライフスタイルを送りたいか？」

など、目的意識に転換してみる。

「知識を得る → ピンとくる・ワクワクする → 目的意識に変える」

ことで、自分の輪郭を見定めることができるようになります。

触れた情報を立体的に解釈する方法

情報は、自分を動かすトリガー（行動を起こすきっかけ）です。「どういうトリガーが自分に有効なのか」を知るには、「触れた情報を立体的に解釈する」ことが必要です。

知識や情報は、「覚えておく」「たくわえておく」こと以上に、

「立体的、構造的に解釈する」

「いろいろな角度から、その本質に迫る」

ことが大切です。

たとえば、織田信長を歴史上の人物として学ぶだけでは、単なる偉人伝で終わってしまいます。ですが、

「織田信長が会社の社長なら、どのような経営手腕を発揮しただろう？」

「織田信長は、日本という国をどのように経営したのか？」

と、ビジネス視点からとらえていくと、見え方が変わってくるはずです。

天下統一やアジア進出というビジョン、それを実現するための最先端技術（鉄砲や火薬）と軍事イノベーション、楽市楽座や徴税制度などのしくみ。分権化が進んだ戦国時代から

天下統一を目指したその戦略・戦術は、経営を考える上でも参考になります。

鴨長明の『方丈記』も、「古典を学ぶテキスト」や「古文の教科書」としてとらえるだけでは、興味はわきにくいでしょう。ですが、「無常観（すべてのものは必ず変化し、同じ状態のままとどまることはない）を示しながら『人はどう生きるべきか』を問う哲学書である」ととらえれば、解釈に奥深さが加わり、がぜん興味がわいてきます。

「自分は知識が足りない」ことを自覚して、貪欲に学ぼう

古代ギリシャの哲学者ソクラテスは、真理探究の基本になる考え方として「無知の知」という名言を残しています。

「無知の知」は、「自分に知識がないことに気づいた者は、それに気づかない者よりも賢い」という概念です。

「自分には情報が足りないんだ」「自分は何も知らないんだ」という前提に立つ。そして知識と情報を吸収する。自分の強みを見つけるには、ピンとくるもの、ワクワクするものを探し続ける貪欲さが必要です。

ＳＮＳ、ブログ、ＹｏｕＴｕｂｅ、人、本などを情報源に、知識の幅を広げ、総量を増やしていく。ピンとくるもの、ワクワクするものが見つかるまで、それをやり続ける。そして見つかったなら、その領域にさらに踏み込んでみる。その領域で具体的に挑戦したいこと、実現したいことを考えてみる。

「会ってみよう！」「行ってみよう！」「体験してみよう！」と自らアクションを起こして、コミュニティや勉強会、講演会に参加したり、セミナーを受講したりしてみる。「会ったことがない人」「見たことがないもの」「やったことがないこと」「今までは関心が低かったもの」と接点を持つことで、自分の可能性が広がります。

ある風景を見て「美しい」と思う。ある匂いをかいで「心地よい」と思う。ある製品を使って「すごい」と思う。こうした感覚を積み重ねた先に、本当に好きなものや「自分」という存在が見えてきます。

嫉妬心やコンプレックスもそのままで強みになる

嫉妬心やコンプレックスにふたをしない

「自分の強みは何か？」を考えることは、「自分の欠点」を知ることでもあります。

そして、自分の欠点が浮き彫りになると、「自分はここが劣っている」「自分はこれができない」と、嫉妬心やコンプレックス（劣等感）を抱くようになることもあります。

多くの人は、嫉妬心やコンプレックスをマイナス感情ととらえ、隠そうとします。ですが、ぼくは逆に、

「嫉妬心やコンプレックスも強みのひとつ」

と解釈しています。

コンプレックスや嫉妬心を覚えるのは、「他者、世間、一般常識」がつくった尺度で自分を測っているからです。

もしも他者、世間、一般常識と自分を比較し、その結果「劣っていた」としても、それは相対評価であって、絶対評価ではありません。相対評価とは、集団内での位置や順位での評価のこと。絶対評価とは、個人の能力に応じた評価のことです。

たとえば、ぼくが東京大学に落ちたのは、相対評価の結果です。順位が低かったから、です。そして、落ちたことにぼくが悔しさを感じていないのは、大学受験を絶対評価で解釈しているからです。「自分で立てた目標に対する達成度」で評価をした場合、ぼくの東大受験は「成功」だったといえるのです。

長所と短所は紙一重であり、嫉妬心やコンプレックスも、解釈次第で強みになります。**自分の足りない部分を「自分の伸びしろ」と解釈し、努力するトリガーにする**こともできます。あるいは、足りない部分ではなく、「すでに持っているもの」に着目することもできます。

たとえば、プレゼンが苦手なのであれば、「人前でも上手に話せるようになろう」と努力を積むこともできるし、「人前で話すのは苦手なので、1対1のコミュニケーションのほうに力を入れよう」と逆の視点で行動することもできます。

いずれにせよ、嫉妬心やコンプレックスを「自分の個性のひとつ」「多様性のひとつ」とプラスにとらえることが、前進への第一歩です。

嫉妬をするのは、向上心がある証拠

嫉妬やコンプレックスを感じるのは、

「自分にはないもの」

「自分が求めているもの」

を自覚しているからともいえます。

「嫉妬してはいけない！」「劣等感を持ち続けるなんて、自分は器が小さい！」と否定する必要もありません。むしろ自分を肯定し、

「嫉妬するのは、自分にもできる可能性があるからだ」

「コンプレックスは、強みに反転できる」

とプラスに解釈する。

そして、

「自分にもそれを手に入れられるはずなんだ！　だから頑張ろう！」

と成長への源泉とする。

嫉妬やコンプレックスも自覚的に使えば、**自分を成長させる強力な武器**にできるのです。

「自分の人生のストーリー」を振り返ると自己理解が進む

「どんなことがあって、そのとき何を考えたか？」を書き出す

先ほど少し紹介しましたが（88ページ参照）、自分の強み、個性、目標を整理し、明確化するためにおすすめなのが、

「自分の人生のストーリーをまとめる方法」

です。

自分の人生を振り返りながら、次のような内容を書き出して言語化すると、自己認識が進みます。

①出来事
自分の人生に、どんな出来事があったか？
②感情
その出来事に対し、自分は何を感じたか？　どのように気持ちが動いたか？
③解釈
その出来事をどのように考えたか？　どのようにとらえたか？
④振り返り
その出来事がうまくいった理由、うまくいかなかった理由をどのように分析しているか？
⑤学び
その出来事から何を学んだか？

言葉にすることによって、自分の思考や感情を客観的に振り返り、自己理解を深めることができます。
ささやかな出来事でもいいのです。たとえば、自分が「おもしろい」と思う出来事があったときに、「なぜ、おもしろいと思ったのか？」を言語化し、分析すれば興味の方向性に気づくことができます。

ぼくも定期的に「自分の人生」を振り返りながら、自己認識をアップデートしています。

上手なフィードバックの受け取り方

他者から受け取るフィードバックや評価、他己分析も自分を知る手立てのひとつです。

客観的な視点でのフィードバックを受け取ると、

「他人には見えていて、自分には見えていない部分は何か？」

「他人の価値観を通じて、自分はどう見えているのか？」

がわかるため、自分の解像度が高くなります。

ぼくの場合、フィードバックを受けるときは次の点に気をつけています。

【効果的なフィードバックを受けるためのポイント】

①「誰にもらうか？」を考える

「誰にもらうか？」によって、アドバイスの質、分析の精度、確度が変わります。「適切な相手」から話を聞くようにしないと、助言も雑音になるだけです。

ぼくが学生時代、国際ビジネスサークルで「起業家の先輩たち」から話をうかがったように、「行動や考え方など、自分にとって手本になる人物（ロールモデル）」から話を聞くのが最良です。

逆に言えば、「問題解決のため」という視点で意見をもらう場合、自分と同じような実力や立場の人からのフィードバックほど無駄なものはありません。違う視点や高い視点のフィードバックを得るから、問題解決の糸口が見つかるのです。

②先に自己理解を進めた上で、フィードバックを求める

他者に意見を求める前に、自分の人生のストーリーを書き出しておき、

「自分はどういう人物なのか？（強み）」

「自分は何がしたいのか？（目標）」

を理解しておきます。

「自分はこういう人間だ」

「自分はこういうときにワクワクする」

「自分はこういうテーマにピンとくる」といった特徴をつかんでおかないと、他者の意見にいたずらに左右されやすくなります。

ぼくの場合、「他者からの評価」よりも、「自分の人生のストーリー」から明らかになった「自分の強み（5つのキーワード）」を重視しています。

人からいただく評価を無視することはありませんが、「なるほど、そういう見方もあるな」「たしかに一理あるな」と、参考にする程度にしています。

ぼくは「自分の中で正しいと思うこと」を大切にして、自分の価値基準の中で納得のいく仕事をしたいタイプ。自分で設定した目標に向かって自分なりに頑張るほうが、モチベーションは上がります。

最後に例として、ぼくがまとめた自分自身の人生のストーリーを紹介します。それぞれのストーリーについて、120ページの①~⑤について書いていくことで、5つのキーワード（88ページ参照）が発見できました。

【自分の強みを発見するためにまとめた人生のストーリー】

- 14歳で起きた家庭崩壊と幸福な家族観への興味（①）
- 兄や友人などから得たリベラルアーツの知識（①）
- 小中高時代からのスポーツ・部活の経験（②）
- 小学生のときに先生に歯向かっていった経験（③）
- 大前研一さんや保田隆明さんのビジネス書に触れたこと（④）
- スティーブ・ジョブズや石井裕さんの動画（⑤）

⬇

【見つかった強み】

①哲学的思考・論理性
②チームワーク
③負けん気・プライド
④ビジネスへの興味
⑤テクノロジーへの好奇心

第3章

人生の8割は目標設定で決まる

何を目指すか？　どんな山を登るか？
この設定で、自分の視点と行動が変わり、結果が変わる。
具体的、測定可能、時間軸が明確な目標を立て、
行動を繰り返そう。

「確固たる目的をもたない精神は自分を失う」
——モンテーニュ『エセー』

毎日がモヤモヤしてしまう本当の理由

今の自分に無力感を覚える理由

「なんだか毎日、モヤモヤする」「何をしても無駄に感じてしまう」「やりたいことが見つからない」「自分には何もない気がする」「得意なことがない」……。

そんな相談を受けることがあります。もし、今の自分に無力感を覚えているとしたら、その原因のひとつは、

「適切な目標が設定されていない」

ことにあります。

ぼくの父が失踪したのも、「自己理解と目標設定が甘かったから」というのが、ぼくの考

えついた結論です（38ページ参照）。自分の強みを知り、その強みから派生した目標を持つことは、人生において大事なことです。

【目標が生み出す5つの効果】

①他人の意見に流されなくなる

目標が定まっていないと、誰かの指示で行動するしかないため、他人の意見に流されてしまいます。

一方、適切な目標を設定できれば、目標までのプロセスを考え、自分らしさ（強み）を発揮しながら、能動的に進むことができます。自分で設定した目標であれば、「なぜ、やらなければならないのか？」というネガティブな感情にもなりにくいでしょう。

目的地がないまま、ただひたすら道を歩いていると、徒労感が募《つの》ります。どこへ流されるかわからない旅は、不安なだけです。

②物事をプラスに解釈できる

目標を持つと、人は常に前を見て、未来を思い描くようになります。今が厳しい状

況だとしても、

「今のこの状況にはどんな意味があるのか？」

「問題を解決するためには何をすればよいのか？」

と、未来につながる「学び」として受け止めることができます。

一方、目標がないと、過去の出来事にいつまでもとらわれてしまったり、今を漫然と生きることになり、意欲を失います。「今の自分」を認めることができなければ、自己肯定感も下がってしまいます。

③「今、するべきこと」が明確になる

ゴール（目標）と期限を想定して、そこに到達するための手順を洗い出すことで、

「いつまでに、何をすべきか？」

「どのように進めていくべきか？」

「今、何をすべきか？」

という実行手段（プロセス）が明確になります。

目標が定まると、「この先、どうしたらいいのか？」といった迷いがなくなります。

長期的な目標を持つことは、「今、するべきこと」を決めることでもあるのです。

④乗り越えた経験が自信に変わる

難しいことに挑戦すれば、必ず壁にぶつかります。ですが、目標が正しく設定されていれば、たやすくあきらめることはないはずです。

うまくいったなら、その方法をブラッシュアップする。うまくいかなければ改善したり、別の方法を試したりして、「目標に近づく努力」を続けられるようになります。

直面した壁の数、乗り越えた壁の数だけ、自分自身に知識と経験が増えていきます。その知識と経験が自信になります。

⑤キャリアの選択が明確になる

目標が見つかると、将来のキャリアの方向性が照らされます。「自分が到達したい場所」のイメージがつかめるため、「やりたいことがわからなくて、なんとなく仕事をする」「好きなことではないけれど、やむなく仕事をする」といったことがなくなります。

そして、着実に実績やスキルを積み重ねていくことが可能になるのです。

自分の強み・個性に適した目標を設定する

適切な目標を持てば、人生は自然と広がっていく

適切な目標を設定できれば、生きる目的を見いだし、不安や迷いにおびえたりすることなく、前向きな変化が見込めるはずです。

目標を持つことで、人生は広がりはじめます。

目標を正しく設定するためのポイントは、次の7つです。

【適切な目標を設定する7つのポイント】

①知識・情報の量を増やして、自己理解を深める

目標が見つからないのは、

「自分自身を理解し切れていないこと」

が理由のひとつです。

目標を立てて達成に向かうには、目標を決める前にまず自分自身と向き合って、

「自分はどんなことに価値を感じるか？」

「どんなことにおもしろさを感じるのか？」

「どんな生活がしたいのか？」

といった点を洗い出すことが大切です。


自分自身を理解するには、前述したように、

「知識の量（インプットの量）を増やす」ことが重要です（110ページ参照）。

たくさんの知識、情報を取り込み、その中からピンとくるもの、ワクワクするものを見つけ、言語化する。そして、「自分だったら、その分野・世界でどんなことをやってみたいか？」を考えると、目標設定の大枠が見えてきます。

②「10年先のビジョン」を先に設定する

ビジョンとは、「実現したい未来」「将来のありたい姿」のことです。「こんな人生を送りたい」「こんな仕事をしたい」「こんな人間になりたい」という理想を思い描くと、自分の人生に対して積極的に働きかけることができるようになります（ぼくの場合、5年先、10年先だけでなく、90歳くらいまでの自分をイメージしています）。

一方で目標は、ビジョンを実現するため、到達したい場所に行き着くための目印や手段といえます。

- **ビジョン＝「どうありたいか？」（理想）**
- **目標＝「何をやるか？　どうやるか？」（目印、手段）**

最初にビジョン（未来のイメージ）を考え、そのビジョンを実現するための目標（具体的な方法）を考えます。

「とりあえず就職しよう」

「どこでもいいから、入れてくれる会社に入ろう」

ではなく、

「○○をやってみたいな、実現したいな」

「10年後にこういう自分になっていたいな」

「こういうことができれば、自分の強みを発揮できそうだ」

というビジョンを持つ。そうすることで、進むべき方向も見えてきます。


〈ビジョンと目標の例（ぼくの場合）〉

・10年後のビジョン

教育のあり方を変える。自由に発想して、自由に語れる学習環境を広める。

・ビジョンを実現するための目標

教育系のベンチャー企業を立ち上げる。

10年先のビジョンが思い描けなければ、目線をもう少し近くに置きます。5年先、3年先、1年先でもいいと思います。大事なのは「何年先か？」ではなく、「こうなりたい」「こうありたい」という到達点をイメージすることです。

③目標の設定パターンを選ぶ

目標設定の考え方には、２つのパターンがあります。

- **パターンA　大きな目標から逆算する**
- **パターンB　小さな目標を積み重ねる**

大きな目標を掲げた場合（パターンA）、性格や状況によっては、

「達成するまでの過程をイメージできない」

「何から手をつけたらいいかわからない」

「背負うものが大きすぎて不安になる」

「自分にそれをやり切るだけのキャパシティがあるかわからない」

などの理由で、身動きが取れなくなることもあります。

そうした場合は、自分を過信せずに、パターンB「小さな目標を積み重ねる」を選ぶようにしましょう。

たとえば、ダイエットをするとき、「3ヵ月で10kg落とす」という大きな目標を立て

ると、人によっては負担が大きく、達成できないかもしれません。だとすれば、「食べる量を半分にする」「夜遅い時間には食べない」など、「少し頑張ればできる小さな目標」を立て、少しずつ成果を積み上げていくほうが確実です。

今のぼくは、目標が大きくても遠くても、気負ったりひるんだりすることはないので、パターンAで目標設定をしています。

④最初は「ぼんやりしたイメージ」でもかまわない

「目標は、具体的でなくてもいい」「ぼんやりとしていても、はっきりしていなくてもいい」、ぼくはそう考えています。

ただし、「こういうことかな～」というくらいの輪郭でもかまわないので、言語化してみる（言葉にしてみる）ことが大切です。

⑤さまざまな可能性をシミュレーションしてみる

人生にはさまざまな可能性、方向性、選択肢があります。

たとえば、

「会社をつくって時価総額を大きくする人生もあるし、会社をつくらない人生もある」

「結婚する人生もあるし、しない人生もある」

「子どもを持つ人生もあるし、持たない人生もある」

「著作活動をして思想を提供していく人生もあるし、経営コンサルタントとして経済活動をしていく人生もある」。


それぞれの未来を想像し、「この選択をしたら、どうなりそうか？」「この選択をした場合、自分の強みを発揮できるか？」について、頭の中で繰り返しシミュレーションすることで、自分の進みたい方向性がさらに明確になっていきます。「これを選ぶと、自分の個性が失われるのではないか？」「こうすると、多くの人の反発を招くのではないか？」など、マイナスの側面についても自問自答を繰り返します。

⑥何か1つにかたよらず、バランスを意識する

古代ギリシャの哲学者、アリストテレスは「中庸《ちゅうよう》」を重んじていたといいます。

中庸とは、

「極端ではない。かたよっていない」

「何事も、行きすぎてはいけない。不足してもいけない」

「人生の幸せは『中間』にある」

といった概念で、ようするに、

「バランスが取れている」

ことです。ぼくは、

「目標設定もバランスが大事」

「バランスの取れた目標設定が人生をおもしろく、豊かにする」

「お金があっても、不健康だったり、孤独だったりしたら、幸せとはいえない」

と考えています。


仕事も人生の一部としてとらえ、「家庭」「友人や趣味」「健康状態」「自分自身の将来のイメージ」などの項目でバランスよく目標を立て、そのウェイトを調整しながら人生を歩んでいく。人生とは、それらの総体です。**「予想外の何か」を生み出す余地は残しながら、いろいろな観点で解像度の高いイメージを持つ**のです。

具体的には、139ページの図のように、実際に描きあらわしてみるのがおすすめです。目標のイメージは時とともに変わっていきますから、ぼくも随時、見直していますが、昔描いたものを見返すと、かなり現実化していることにびっくりします。

⑦「ワクワクできるくらい高いレベル」の目標を設定する

目標を設定するときは、「これならできるかも」と思うレベルではなく、ワクワクできるくらい高いレベルが理想です。低い目標しか持たないでいると、成果も「それなり」のものしか得られません。

ぼくも、「できるか、できないか?」ではなく、「ワクワクできるか、できないか?」「おもしろいか、否か?」で判断しています。ワクワク感は、困難に立ち向かうエネルギーにもなるからです。

高い目標を前にしても、しり込みしない。「自分には無理」と決めつけない。「そうはいっても、自分にはスキルがない」「時間がない」と言い訳を口にしない。

そう覚悟を決めて取り組みます。

どうしても自信がわかないなら、「絶対にできる!」と断言しなくていいので、せめて、「ひょっとしたら、できるかもしれない」

と、ほんの少しの前向きさを失わないことが大切です。
「ひょっとしたら」
という可能性を残しておくことは、
目標達成への可能性を残すことなのです。

【ぼくが20歳で設定したビジョン・目標】

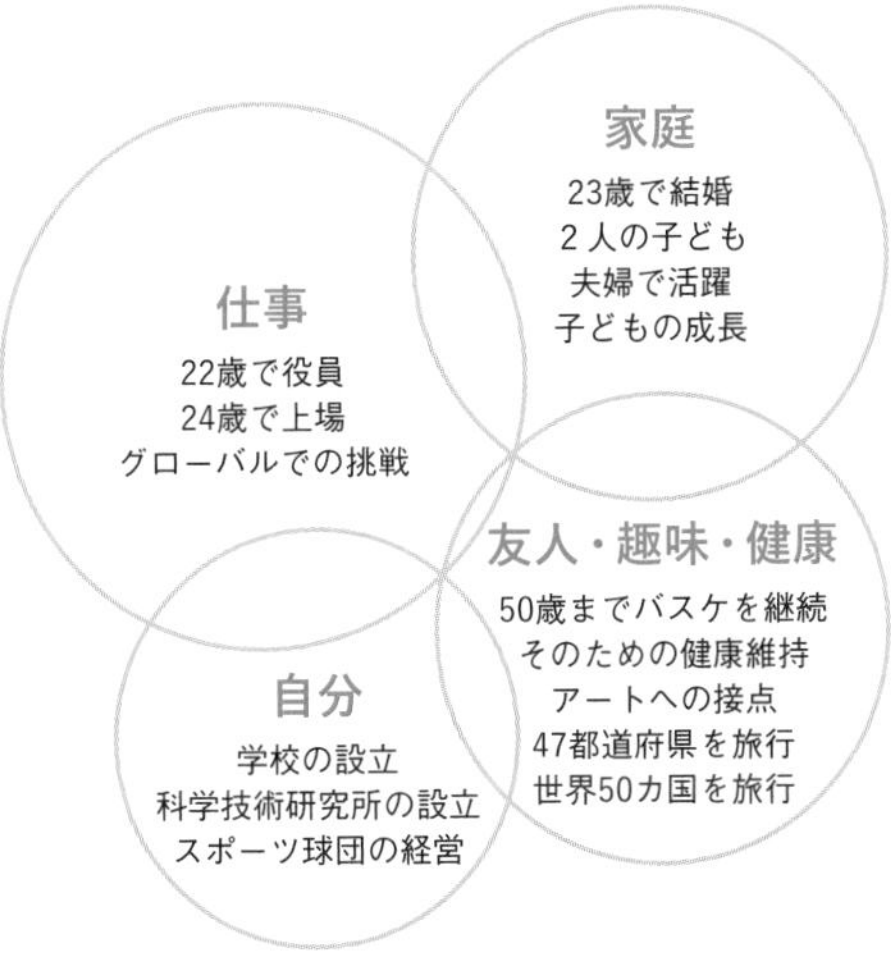

手順

①イメージする
「仕事」のみならず「家庭」や「自分の将来イメージ」など、気になる（想像するとワクワクする）分野について具体的にイメージする。

②円を描く
各分野を円で描きあらわす。大きさは、自分の中での重要度。それぞれが重なり合いながらシナジー（相乗効果）を生み出すことを意識して目標を立てていく。

③書き込む
「何歳で」「何を」などと、具体的に、実現したいことを書き込む。

「22歳で役員になり、24歳で上場する」という目標を立てる

ビジネスを深く学ぶため、大学2年でインターンに参加

ぼくが所属していたビジネスサークルは、大学1年生と2年生の2年間しか在籍しない決まりになっていました。

この2年間が、ぼくが実際にビジネスの世界に足を踏み入れる「入口」になったのは間違いありません。ですが一方で、

「どんなに大人びたことをやろうとしても、学生がやることには限界がある」

「一緒に取り組む人の多くが学生だと、その枠や価値観から抜け出しにくい」

「結果に責任がともないにくく、厳しさも弱い」

といった学生ゆえの甘さやゆるさも感じていました。

そこでぼくは、インターンシップ（社会に出る前に仕事の場を体験すること）への参加を決めました。

成長企業の空気を肌で感じることができれば、今の自分を超える人たちに揉《も》まれれば、「次のステージが見られるかもしれない」

「自分の想像を超えるスピードで成長できるかもしれない」

と考えたからです。

自分と同質の人たちといるのは心地よくてやりやすい面もありますが、**成長のチャンスはいつでもコンフォートゾーン（快適領域）を抜けたところにある**と思うのです。

インターン先を探すにあたって最初にしたのは、当時発行されていた『大学別OBOGガイドブック』（東京大学・早稲田大学・慶應義塾大学の学生・卒業生を読者ターゲットとするキャリア情報誌／発行：スローガン）に掲載されている経営者インタビュー約100名分を読み込むことでした。

そしてその中の、「知的財産の情報探索プラットフォームを展開する会社」の記事に目が留まりました。アスタミューゼ株式会社です。

知的財産が何なのかもよくわかりませんでしたが、そんな意味不明感も「おもしろそう」に思えて、インターンを募集していないにもかかわらず、問い合わせのメールを送ってみました。

すると、1時間後には返信があり、すぐに社長面接があって、1週間後には採用が決まったのです。

若気の至りで社長に直談判、そのまま社員へ

インターンの仕事は、特許、実用新案、商標、意匠など、「言葉の意味を知る」ことからはじまり、その後はリスティング広告（検索連動型広告：検索エンジンの検索結果に連動して表示される広告）の運用を任されました。

「新しいことを学ぶ」「自分で運用し結果を出す」という知的好奇心や挑戦心が満たされる一方で、3ヵ月ほどたった頃には、危機意識が芽生えてきました。会社が抱えている次の

ような課題が見えてきたからです。
「リーマン・ショックの余波もあって、経営的に苦しい状況にある」
「コア事業となるべき知的財産情報プラットフォームが収益を生んでいない」
「社内コミュニケーションが不足している」
「人材が定着しない」

そんな状況を見かねたぼくは、生意気にも「自分だったらこうする」というプランをつくり、社長に直談判しました。若気の至りです。

ですが、社長は突っぱねることなく、ぼくの考えに耳を傾けてくれました。

ただし、最後にこう言われました。

「成田くん、とてもいい案だと思うんだけど、成田くんはアルバイトだからね。アルバイト学生がいくら説明したところで、みんなは言うことを聞いてくれないと思う。でも成田くんが社員になったら、動いてくれるかもしれない。どう、社員になったら?」

ぼくはその場で、「あ、はい、じゃあ社員になります」と即答。大学2年生でありながら雇用契約を締結して、「学生サラリーマン」になりました。

20歳でサラリーマンになったぼくは、

「22歳で役員になって、24歳でアスタミューゼを上場させる」

という目標を設定しました。

なぜ24歳なのかというと、当時の上場会社の史上最年少役員が25歳くらいだったと記憶していて、「それより早く上場を経験したい」という、浅はかな理由からです（笑）。

それでも具体的な目標が決まると、案外頑張れるもので、ここから怒涛の会社員生活がはじまりました。

「量か？　質か？」ではなく、「結果」にこだわる

学生サラリーマン生活

学生サラリーマン生活は、激務の連続でした。

労働基準法では、「正社員の法定労働時間は月160時間」とされていますが、当時のぼくは、自ら進んで「月400時間」くらい働いていたと思います。

仕事は、ウェブマーケティングをはじめ、法人営業や新規事業の立ち上げ、プロダクト開発など、多岐にわたりました。体力もあり、気持ちも前のめり。毎日深夜まで働き、椅子で寝て朝を迎えることも日常茶飯事。ですが決して不満はなく、充実感がありました。

ぼくの中に、「大学を中退する」という選択肢はなかったので、土曜日に必修科目を入れ

て、有給休暇を取ってテストを受けていました（それでも留年が決まり、2年生を2回やっています）。

どんなに忙しくてもぼくのメンタルがくずれなかったのは、

「22歳で役員になって、24歳で上場を経験したい」

というわかりやすい目標と同時に、

「社長や先輩社員に早く追いつきたい」

という意欲が強かったからです。

ぼくには、

「会社の中心人物として上場に関わりたい」

という思いがありました。そのためにはほかの人の何倍も学んで、先輩社員との実力差を早く埋める必要があったのです。

実力を伸ばすためのハードワーク

働きはじめた当初、ぼくは、社内で交わされる会話の質の高さに驚きました。

横文字の応酬、マーケティング用語、ウェブ用語、知財に関する専門用語など、さっぱり理解できない。わかっているフリをしてミーティングにのぞんだこともあります。

前提の知識（専門用語の意味など）を理解するために、何十冊も本を読んで、必死に勉強しました。「自分と先輩たちとの差」を埋めないかぎり、自分より上の世代と仕事をするのは不可能でした。

ぼくが昼夜を問わずガムシャラに仕事をしたのは、決して、「会社の労働環境が整っていなかったから」「ブラック企業だったから」ではありません。

ぼくが自分で「差を埋めたい」「追いつきたい」と考え、そのために「今、この期間はハードワークが必要である」と腹落ちして、意図的に仕事量を増やしていたのです。

目標がない場合、仕事量が多いと「やらされ感」「義務感」に押しつぶされたり、心が疲弊したりします。

一方で、目標があれば、「早く実力を伸ばすためには、ハードワークが必要である」と納得した上で、能動的に仕事と向き合うことができます。

何か目標に向かって努力をするとき、よく議論になる二択があります。

「量よりも質」と「質よりも量」です。

ですが、これは愚問です。どちらも大事に決まっています。

もっとも大事なのは、

「目標に近づくこと」

「実力を高めること」

だけです。

質か、量かを議論するより、

「どうすれば実力を伸ばせるか？」

「どうすれば目標を達成できるか？」

だけに集中して取り組むほうが、おのずと早く結果につながります。

学生サラリーマンを辞めて、起業の道へ

上場の目標を達成できず、挫折を味わう

結論を先に述べると、
「22歳で役員になって、24歳で上場する」
という目標は、達成できませんでした。

ぼくは、やると決めたら結果を残さないと気がすまないタイプなので、ポジティブな結果をもたらそうと、約2年間、ハードワークを続けました。

ぼく個人に目を向ければ、大きな成長と変化を実感しています。ある程度、納得感のあ

る成果を残せたとも思っています。

ですが、会社の現実に目を向けると、大きな課題感を覚えていました。世情が厳しくなって、肝心のプラットフォーム事業がなかなか立ち上がらなかったのです。

リーマン・ショックのあおりを受けて、

「既存事業の利益が半分程度まで縮小したこと」

「景気が減速・低迷する中で新しい収益ラインを立ち上げるには時間がかかること」

「金融機関が融資に慎重になり、ベンチャーキャピタルも発展しておらず、資金調達が容易ではなくなったこと」

「プラットフォーム事業の遅れを理由に、人材が定着しにくかったこと」

などが原因です。

目標と現実のスピード感の差に歯がゆさを覚え、

「24歳で上場する目標は、達成できないかもしれない」

と先を見通せずに苦しんでいたとき、大学の友人から思いがけない提案を受けました。

「一緒に起業しないか？」

気持ちが一気に高まりました。2011年2月のことです。

「自分も起業すればうまくいくんじゃないか？　ほかの人が立ち上げた会社で悶々としているより、自分で立ち上げるほうがいいんじゃないか？」

起業が現実的になったとき、上場への熱意が薄れていくのを感じました。モチベーションを立て直すことはできず、ぼくは会社に辞意を伝え、起業の準備に入ったのです。

振り返れば、アスタミューゼでの2年間で、ぼくはベンチャービジネスの最前線を知ることができました。今でも感謝しています。

未来が拓けていく高揚感

起業を決めて以降、未来が拓《ひら》けていく高揚感がありました。友人と壮大なプランを朝まで語り明かしながら、ビジネスモデルをつくったりしました。

ところが……、彼からまた、思いがけない提案があったのです。

「起業の話を白紙に戻してくれないか？」

彼の気持ちを変えたのは、3月11日に発生した東日本大震災でした。震災は、既存企業の事業のみならず、起業行動にも影響を与えたといわれていますが、まさにぼくたちもその影響を受けたのです。

もちろん、とまどいました。すでに会社には辞意を伝えてあったので、ぼくに残された選択肢は、
①別の会社に就職する
②辞職を撤回し、アスタミューゼで再び働く
③もうビジネスにはかかわらず、大学生活を満喫する
④自分で起業する
の4つです。

そして、それぞれの可能性をシミュレーションした結果、「④起業する」を選びました。

カフェで意気投合、起業が決まる

2011年3月、友人との起業プランが白紙になり、「起業しよう」と決めたものの、「さて、これからどうしようかな」と思案していた頃のこと。たまたま新宿駅南口のスターバックスコーヒーに入ると、店内に見知った顔がありました。

石田健（愛称：イシケン／ニュース解説者、コメンテーター、『The HEADLINE』編集長）です。

石田とは大学1年の頃からの友人で、年に数回ほど会う仲でした。「久しぶり。最近、どう？」と近況を話す中で、「退職したこと」と「起業を考えていること」を伝えると、石田は、「え？　まじ？　ちょっと詳しく聞かせて」と興味を示しました。

彼は歴史学の研究を独自に進める一方、ＩＴベンチャーで働き、ビジネスに関心を持っていたのです。

すぐに「じゃあ、一緒にやろうよ」と意気投合、起業することが決まりました。

こうして同年9月、ぼくと石田、そして石田の友人の中川綾太郎（女性向けキュレーシヨンサイト「ＭＥＲＹ」を運営していた株式会社ペロリ元代表取締役、連続起業家）を加えた3人で、アート作品の解説まとめサイトを運営する「株式会社アトコレ」を設立。ぼくが代表取締役社長に就任したのです。

0から1を生み出すには「胆力」が不可欠

「アート×ビジネス」で新サービスを生み出す

アトコレ設立前に考えたビジネスプランは、C to C（個人間取引）プラットフォームや健康系アプリなど、50以上あったと思います。

ですが、「プランを出しては、ボツになる」「相談しては、否定される」の繰り返し。苦戦しながらようやく見いだした方向性が、

「アート×ビジネス」

でした。

アートに目をつけたのは、「ぼく自身が好きだった」「石田も好きだった（彼は学芸員資

格を持つ学者肌だった)」「競合がいない」「技術優位な領域ではない」といった理由からです。

「市場規模が小さい」「収益化に時間がかかる」といった事業的な課題はあったものの、「アートとITの組み合わせはおもしろい」「チャレンジしてみる価値はある」「まずはスタートを切って、その後、柔軟に対応していこう」「アイデアよりまずアクションだ」と考えて、事業化に踏み切りました。

大きな資本があれば勝てる領域、大人たちが注目する領域や特定の優れた技術が必要な領域は、2011年当時の若者たちが手を出すにはあまりにもハードルが高かったという事情もありました。

創業当時、起業家インタビューサイト「the Entrepreneur」の取材を受けたぼくは、アトコレのCEOとして、次のように語っていました。

「なんとなく楽しいというレベルではなく、常に市場性とユーザー動向をチェックし、必要とあらば転換をしていく」

「会社としてのゴールをある程度明確に決め、逆算していくこと、それから『どこで戦うか』という市場選定を大切にして、状況変化に応じて柔軟に会社方針を変化させていく」「分散のしすぎはよくないですが、複数のチャレンジをする中で、勝負の軸足を決めていく」（「the Entrepreneur」２０１２年1月24日配信）

これらの発言は、今のぼくから見ても、間違っていないと思います。

ですが実際は、「柔軟に方針を変化させること」も、「勝負の軸足を決めること」もできませんでした。なぜなら、設立からわずか1年余りで、ぼくは社長を辞め、会社を去ることにしたからです。

「怖さ」に耐え切れず、自ら社長を退任

ぼくがアトコレを辞めた一番の理由は、

「怖くなったから」

です。

「すぐには収益化できない」ことは、織り込みずみでした。それなのにぼくは、「お金が稼

げない恐怖」に耐えることができませんでした。

ベンチャーキャピタルから受けた出資金500万円が、どんどん目減りしていく。そのため、家庭教師のアルバイトをしながら食いぶちをつないでいく状態でした。

事業を続けていくには、もっと大きな資金調達が必要です。ですが、資金調達をしたら、もう後戻りはできません。

「進むか？　戻るか？」で葛藤したぼくは、リスクへの恐れとともに、

「今辞めれば、就職活動にギリギリ間に合う」

という打算的な思いを捨て切れませんでした。そして、

「ごめん」

と石田と中川に頭を下げ、会社を辞めたのです。

ぼくが起業に失敗した理由

アトコレは石田が引き継ぎました。その後、上場企業に売却できたので、「大失敗だった」わけではありません。

ですが、ぼく個人にとっては明らかな失敗でした。
失敗した主な理由については、次のように分析しています。これから起業や独立をめざす方たちには、ぜひ他山の石としてもらえたらと思います。

【起業に失敗した3つの理由】

①「なんか良さそう」ではじめてしまった

0から1を生み出すためには、アイデアはもとより、「絶対にやってやる!」というマグマのような強い感情が必要です。

なぜなら、ビジネスをやる過程では当然、自分の立てた仮説や予測の通りにならず、苦戦する事態も起きるからです。その状況で資金が減っていくと、当然恐怖心がわき上がってきます。そうしたときに、その恐怖心に飲み込まれることなく、恐怖心を生み出している要因を冷静に見つめ、やるべきことを粛々《しゅくしゅく》とやっていく強い気持ちとスキルが必要です。「何ができていないからそうなるのか?」を考え、検証や修正を行い、問題に対処していかなくてはなりません。当時のぼくには、そうしたことが理解できていませんでした。

ぼくは、「とりあえず何にでも飛びついて頑張る」タイプではなく、「きっちり腹落ちさせないと動けないタイプ」です。それなのに、見切り発車してしまった。

当時のぼくには「不確実な何かを信じる能力」が低かったため、マグマがたまっていない状態でビジネスを継続することは不可能だったのです。

②テーマがブレてしまった

事業の骨組み（テーマ）を決めておいたはずなのに、決断、判断にブレが生じてしまいました。コアユーザー向けのサービスを考えなければいけなかったのに、音楽のサブスクリプションなど、早々とコアの「アート領域」以外のビジネスを模索したのです。

サービスを通して「世の中に変化を起こす」ことが大事だったはずなのに、「儲けること」「稼ぐこと」を優先。収益化を急ぐあまり、「あり方」よりも「やり方」（何をやるか）に目が向いてしまいました。

③胆力がなかった

あのときのぼくには、「やると決めたら、やり切る」という胆力（恐れず、臆せず、動じない心）が足りませんでした。「リスクを負ってでも、やり切る」という覚悟に欠けていたのです。

アトコレは競合もなく、今の自分から見ても「結構いい着眼点だな」と思います。ですが当時のぼくには、「このサービスを続けていった先に、どんな未来が待っているのか？」という、まだ見ぬ未来の解像度を上げることができませんでした。そのため、「このままだと路頭に迷うのではないか？」という恐れを振り払うことができなかったのです。

会社のビジョンを信じて、自分を信じて胆力を発揮していたら、1年余りで逃げ出すことはなかったはずです。

はじめるも選択、辞めるも選択

自分で立ち上げた会社を辞めるという判断は、正直、つらいものでした。ほかの創業メンバーと対立もしました（今は良好な関係です）。

今のぼくは、「もったいないことをした。今の自分の胆力なら、乗り切れたかもしれない」と思う一方で、辞めたこと自体は後悔していません。

なぜなら、

「自分の力が発揮できていないのに、何年も放置するほうがリスクは高い」

「強烈に反省して、その反省を次に生かす覚悟を持って辞めるのなら、早く改善できる」

と考えているからです。

はじめるも選択、辞めるも選択です。ぼくは、時に辞める勇気も大事になると思っています。

自分の中で本当に厳しいと思ったら、スパッと辞めるのも手です。ただし、しっかりと反省をした上で。

同じ過ちを繰り返すのは、愚かです。しっかりと反省さえできれば、失敗は自分を成長させる良質な「学び」に変わります。

「落ち込むのは時間の無駄だ」と思い込み、すぐに立ち直る

「落ち込む＝立ち止まっている時間」を短くするには

先般、ツイッターのフォロワーの方から、「成田さんは、失敗したことがありますか？」というコメントをいただきました。

もちろんです。というより、むしろ失敗ばかりです。

目標に至らなかったことも数知れず。中学受験も大学受験も「第一志望」には落ちていますし、学生起業も途中で投げ出しています。

でもぼくは、失敗を引きずらないタイプです。「なぜ自分はこんなこともできないのか？」と自己否定に陥ることはなく、すぐに次に進みます。

もちろんぼくだって失敗すれば心が痛むし、落ち込むし、へこみます。それでも立ち直るスピードがかなり速いほうなのは、意図的に**「失敗から立ち直るスキル」**を身につけたからです。

「もともと楽観的な性格だから嫌なこともすぐに忘れる」のではありません。元来のぼくは、その反対です。

人間には感情があるので、「落ち込み」を完全になくすことはできません。しかし、失敗から立ち直るスキルを使えば、「落ち込む時間を短くする」ことは可能です。

このスキルを身につけるためのポイントはとてもシンプルで、とにかく「思い込む」こと。「落ち込むのは時間の無駄だ」と、強引に自分に言い聞かせるのです。

うまくいかなかったとき、不振のとき、実力が発揮できなかったとき、ぼくは、こう思い込むようにしています。

「やったことがないことにチャレンジしたのだから、失敗するのは当たり前。最初からうまくいくと思うほうが、どうかしている（だから、落ち込むのは時間の無駄だ）」

「本当に致命的な失敗をしている人は、世の中にほとんどいない（だから、落ち込むのは時間の無駄だ）」

「**この失敗は必ず成長の糧になる。**自分の学びになる。この失敗を次につなげれば、成功確率や成長確率は上がる（だから、落ち込むのは時間の無駄だ）」

「元通りに戻すことも、やり直すことも、失ったものを取り戻すこともできない。だとすれば立ち止まっていないで、前に進むしかない（だから、落ち込むのは時間の無駄だ）」

「失敗したのは、自分の実力不足が原因だ。誰かのせいにするのではなく、**自分が実力をつけるしかない**（だから、落ち込むのは時間の無駄だ）」

「失敗は、誤差にすぎない（だから、落ち込むのは時間の無駄だ）」

落ち込んでいるだけでは、状況は何も変わらない。１日落ち込んでも、３日、１週間、１ヵ月落ち込んでも、問題解決に役立たないのであれば、落ち込む時間を短くして次に進んだほうがいいはずです。

失敗したら、先ほどの論法で「だから、落ち込むのは時間の無駄だ」と自分に思い込ませ、気持ちを切り替えて、事態の収拾や解決、改善にのぞみます。そこで考えるべきは、次の2点です。

①どうして、失敗したのか？（原因）

②どうすれば、改善できるか？　次に同じ失敗をしないか？（改善策・解決策）

この2つを言語化し、②が決まったらすぐに実行するのです。

落ち込んでいる時間は、言いかえると思考停止している状態ともいえます。そして思考が停止すれば、行動が、すべてが止まってしまいます。

「みんな」でやれば失敗の痛手は軽減される

失敗の痛手を軽減する手段のひとつに、「みんなで取り組んで、一緒に失敗する」という方法があります。

大学時代にビジネスサークルでイベントの開催資金を募る際、企業への最初のアプローチ方法は、テレアポ（テレフォンアポイントメント）でした。

会社の代表電話番号に、とにかく片っ端から電話をかけるのです。成功する確率は、数十社かけて1社話を聞いてくれるかどうか。ほとんどが門前払いでした。

ぼくは、「知らないところに飛び込むのは怖い。テレアポも大嫌い」でしたから、断られると心が痛みます。恥ずかしい思いもします。

ですが、当時のぼくはサークルの一員だったので、

「断られているのは、自分だけではない」

「あの人は何度断られても電話をかけ続けている。自分も見習おう」

と思うことができました。

ひとりでは越えられない恐怖心も、「みんな」となら乗り越えられる。励まし合える。

ぼくひとりだったら、気持ちが萎《な》えていたと思います。

成功確率を1％から99％に高める方法

以前、ユーグレナ創業者の出雲充さんに、

「成功確率1％の賭けごとも、100回やれば6割の確率で当たるんだよ。459回やれば99％の確率で当たるんだよ。**失敗とか、459回やってから言え**」

と教えていただいたことがあります。


人生において大切なのは「失敗しない」ことではなく、

「失敗したあとに、すぐに次に行く」

「失敗したあとに、もう一度チャレンジする」

ことです。

つまり、行動の量を増やすこと。

そのためには、失敗の事実を受け止め、素早く反省し、

「失敗の教訓を生かして取り組めば、次は必ず成功する」

と、自分に言い聞かせることが大事です。

失敗したらどうするか？

答えは簡単です。もう一度、はじめればいい。

「失敗は欠かせないもの」と考えて、やり続けることで、目標達成に近づけるのです。

【成功確率の計算式】

$$1-\left(\frac{99}{100}\right)^{n}$$

100回チャレンジした場合

$$1-\left(\frac{99}{100}\right)^{100}\fallingdotseq 0.634$$ ➡ 成功確率は約63％

459回チャレンジした場合

$$1-\left(\frac{99}{100}\right)^{459}\fallingdotseq 0.991$$ ➡ 成功確率は約99％

フィードバックのサイクルを回して成功確率を高める

目標設定↓行動↓振り返り

出雲さんがおっしゃったように、成功確率1％の賭けごとも459回やれば、99％の確率で当たります。確率論的に考えても、行動の量を増やせば、成功に近づくのは明らかです。

一方で、もし1％の成功確率を2％、3％に高めていければ、行動の量、回数、時間を少なくできます。459回クジを引かなくても「当たり」を出すことができます。

成功確率を高める方法が**フィードバック、つまり問題点の解決策の明確化を積み重ねる**ことです。

失敗するたびに「なぜ失敗したのか？」を検証し、次につなげる。失敗からの学びを積み重ねることで、成功確率を上げることができます。

同じやり方、同じ考え方を続けているかぎり、今と同じ結果しか得られません。

成功確率を上げるためには、

「目標設定→行動→振り返り」

というフィードバックのサイクルを、次のようにして高速回転させる必要があります。

【フィードバック・サイクルを高速回転させるコツ】

①目標設定

「目的（最終的に成し遂げたい理想）」も「目標（目的を実現するために達成すべきこと）」もないまま、漫然と行動をしたところで、先が拓けることはありません。

「ゴールがどこにあるのか？」がわからなければ、「自分がどこまで進んでいるのか？」もわかりません。目標が決まっているからこそ、達成度合い（行動の結果）がわかります。

定量的な目標でも定性的な目標でもいいので、最初に「こういうことを達成したい」

というゴールを決めましょう。

・定量的な目標

数値や数量に落とし込む目標。

例　毎日1時間、読書をする。毎月○万円、売り上げる。テレアポで1日3件の商談を獲得する。

・定性的な目標

数値化できない目標。

例　部下から信頼される。ビジネス文書を上手に書けるようになる。疲れにくい体をつくる。

②行動

目標が決まったら、すぐに行動を開始します。

③振り返り

目標と実績（達成度合い、行動の結果）の差を把握します。

定量的な目標と実績の差は、数字・数値で明らかにします。
定性的な目標については、自己評価を10点満点でつけてみます。
目標に届かなかった場合は、

・良かった点（できたこと。できた理由）
・悪かった点（できなかったこと。できなかった理由）

を書き出します。言語化によって考えが整理され、問題点を客観視できます。
うまくできなかったこと、恥をかいたこと、注意されたことだけに目を向けると、「自分はダメなんだ」と自己肯定感が下がってしまうので、「失敗＝成長」と思い込むと同時に、「良かったこと」「できたこと」も評価することが大切です。

良かった点・悪かった点が明確になったら、次のような観点で改善策を考え、次回の目標設定（①）と行動（②）につなげます。

・どうすれば、さらに良くできるか？
・どうすれば、同じ失敗をしないか？
・どうすれば、今まで以上の成果が出せるか？

また、目標設定（①）が適切でなかった場合は、行動（②）の量を増やしても成果につながりにくいため、次の2点を見直す必要があります。

- **目標は正しく設定されていたか？**
- **自分の強みを発揮できる目標だったか？**

3、4回挑戦すれば、必ず1回は成功する

ぼくは経験的に、

「フィードバックを重ねていくと、3、4回挑戦すれば、必ず1回は成功する」

と実感しています。

「目標設定→行動→振り返り」というサイクルを回し、行動の結果を検証しては次につなげることを続けていけば、間違いなく目標に到達するはずです。

ぼくが学生起業（アトコレ）に失敗したのは、前述したように、

「『どうしてこの事業をやるのか』という『芯』がなかった」

「事業を継続する覚悟、リスクを背負う覚悟、責任を負う覚悟が弱かった」

「結果的にマネタイズ（収益化）ができなかった」

などが原因です。そして当時のぼくは、こうした課題を改善するため、次のように考えました。

「起業するのが早すぎたのかもしれない。今はまだ、ビジネスを学ぶ時期なのだろう。一度就職するか、『社長』という立場ではない形でスタートアップに参加したほうが、自分の課題を解決できるのではないか？」

そして、就職活動をはじめたのです。

第4章

常識を疑い、
競争しないで勝とう

これまで成功とされてきた社会のレールや常識は
もはや通用しない。
ならば、自分の強みを発揮し、
輝ける「居場所」を探そう。
競争で消耗することなく、
自分オリジナルの幸せな人生を
築くためにこそ力を使おう。

「競争は負け犬のすることだ」
—— ピーター・ティール（投資家・PayPal創業者）

「逆張り思考」で人生をとらえる

オリジナルな人生こそおもしろい

自分が意図的に選択したもの、それから、環境によってそうせざるを得なかったものも含めて、ぼくはこれまで、「人と違うこと」を数多く経験してきました。

崩壊寸前の家庭で育ち、中学生でありながら東大の授業にもぐり込む。

学生時代に会社員生活と起業を経験し、執行役員としてスタートアップに入社。

25歳で上場企業の副社長になる……。

ぼくは、

「自分だけのオリジナルな人生をつくらないと、きっとつまらない。満たされないだろう」

と考えていたので、物事を「順張り」で見ると同時に、「逆張り」でも見るようにしていました。

結果的にその姿勢が**さまざまな幸運を呼び込み、自分を成長させ、チャンスをつかむ原動力**になりました。だからこそ、「はじめに」でも、いわゆる〝普通〟の道とは逆の考え方や道を選択することの利点を述べ、本書の題名にまでしています。

順張り、逆張りは、もともとは証券用語です。

株価が上昇しているときに買い、下落傾向にあるときに売るのが順張り、一方、相場の流れに対して逆方向に売買する方法が逆張りです。

逆張り、つまり大半の人が選ばない選択をすれば、大多数の人と同じ土俵に立つことがないため、競争に巻き込まれることはありません。その分、好きなことの実現に集中できます。

学生起業にあたっては、「儲かる」という視点ではなく、「おもしろそう」という視点で事業を考えました。「アート」を軸にビジネス展開したのはめずらしい事例だと思います。一般的な常識では、アートは収益性が高いとはいえないからです。これも逆張りです。

結果的にぼくは途中で離脱しましたが、事業自体は上場企業に売却できるまでに成長し、後述するように、ぼく自身もこの一手がクラウドワークスに参加するきっかけになりました。普通の学生生活や就職活動に順張りしていたら到底拓けなかった道ですし、今のぼくもなかったでしょう。

逆張りの選択が自分の可能性を広げる

「大学入学→卒業→有名企業に就職」が一般的な就職パターンだとすれば、ぼくが選択した「大学入学→インターン→学生サラリーマン→学生起業→スタートアップに就職→卒業」という経験は、明らかに異端、逆張りです。

ですがぼくは、大学在学中から、「一般的な就職パターンからはずれた先にこそ、ビジネスの面でも自己成長の面でも、大きな可能性が広がっている」と考えていました。だから意図的に「逆張りの選択」を試みたのです。

ぼくにとっての就職活動は、「みんなと同じスーツを着て、同じ髪形で、同じ就職先を選

ぶための活動」ではなく、

「自分の強みを発揮できる居場所を探す活動」

でした。

順張りの選択をして多くの人と同じ道を進めば、「勝ち負けを決める就活競争」に飲み込まれることになります。就活は、想像もできないほど巨大な椅子取りゲームだからです。そしてそのゲームに参加した就活生の多くは必然的に「負ける」ことになります。

ぼくは学生時代のビジネス経験を通して、

「一般的な就職パターンからはずれた場所にも魅力的な椅子はある」

「しかもその椅子に座れる確率は、有名企業の椅子よりもはるかに高い」

ことを学んでいました。

逆張りの人生は、自分のレールを自分で敷くことになるため、**「自分の力で進んでいこう」という胆力と推進力**が必要です。それでもぼくは、率先して逆張りをし、「人と違うこと」「人と違う方向」に目を向けてきました。その結果として、

• それまでなら出会えなかった人たちと出会えて、強力なバックアップが得られた

- 有意義な出会いが新たな大きなチャンスにつながった
- 常識にとらわれない柔軟性が身についた
- 「挑戦すること」が当たり前になった
- それまでにはない新しい価値を提供できた

のです。

「安定」したいなら、「どこでも生きていける力」を身につける

「研究をビジネスにしたいなんて甘い」という兄の言葉

ぼくはアトコレの社長を退任したあと、就職活動をはじめましたが、それは同時に「この先、どうしていこう」と模索する日々でもありました。アスタミューゼも上場までは実らず、起業した会社もうまくいかず、失敗続きの中で、どうしたら光がつかめるのか、自分の居場所が見つけられるのか、答えを求めてもがいていました。

ぼくは当時、「将来は、電気自動車や植物工場（AIなどで自動化したスマート農業システム）など、高度な研究開発領域で起業したい」と考えていたのですが、規模が大きすぎて20歳そこそこの自分には道筋が見えませんでした。

そこで当時、海外にいた兄に相談してみると、意外な答えが返ってきました。

「研究とか科学というものは、非常に狭い特定の問題を扱うだけだ。そこで得られることは、ビジネスではほとんど役に立たない。

ビジネスをやりたいなら、『この研究がビジネスになるか？』などと考えずに、単純にビジネスのレベルが高いところへ行ったほうがいい。研究に無駄にあこがれを持ったり、『ビジネスにつながるかも』という不純な動機で研究したりしても、うまくいかない」

兄のアドバイスによって、すぐに何か結論が出たわけではありません。それでも、「研究というものに過度に期待せず、ビジネスと無理につなげず、単純に実力をつける」というほうへ自分自身を振り切っていくための、大きなきっかけになりました。

一見安定した大会社に入るリスク

そうして振り切って仕切り直した就職活動では、「就職企業人気ランキング」などには目もくれず、

「社員の平均年齢が若い会社（多くの社員が10年以内に卒業している会社）」

「若い人材が実力主義で評価される会社」を選択しました。逆張りです。

ぼくにとって人気ランキング上位の常連となっている企業は、最初から候補外でした。「自分が就職をする理由は、学生起業の失敗で見つかった自分の課題を解決するため」「大きな会社に入ることが必ずしも安定ではない」「ランキング上位の年功序列型企業で活躍できるのは、ごく一部の超優秀な人材だけ」と考えたからです。

「若手社員にも大きなチャンスが与えられること」を条件に就活を進め、ＩＴ企業とコンサルタント会社の計2社から内定をいただきました。

結果的にぼくはどちらにも就職しませんでしたが、仮に今、ぼくが就職活動をするとしても、「社員の平均年齢が若い会社」＝「若手社員にもチャンスが与えられる会社」を選ぶと思います。チャンスが与えられることで、**「自分で考える力が身につく」「成長の機会が得られる」**からです。それこそが自分にとって最大の財産になり、将来を築く礎《いしずえ》ともなります。

もちろん、創業期に近いスタートアップや、数十〜１００名規模のベンチャー企業も候補に入ります。限られたパイをめぐる競争がなく、自分の情熱があれば参画しやすくて、成果を出せばどんどん役職が上がったり役割が大きくなったりすることが見えているからです。

20歳でベンチャー企業に就職して学生サラリーマンになったのも、21歳で学生起業したのも、本質的には同じ考えです。自分の頑張り次第でいくらでも評価される会社こそ、自分の居場所だと考えていました。

先行きが不透明な今、就活生の安定志向はますます強まっているそうですが、もはや「安定した仕事」とは、「年齢を重ねるにつれて昇給し、定年まで働ける仕事」のことではありません。

確かな安定とは、「どこでも生きていける力が、身についた状態」のことです。

「会社の一部として働く力」よりも、「どこでも生きていける力」を伸ばしたほうが結果的に安定します。変化に対応できるからです。

自分の個性（強み）よりも会社に仕えることを重視した働き方をしているかぎり、本当の意味での「安定」を得ることはできないと思います。

行ってみて、会ってみて、「心が動く場所」を探す

ポンと飛び出したほうが、物事は案外うまくいく

ぼくがアトコレの社長を降りることが確定し、フェイスブックで「代表取締役を辞めさせていただきます」と投稿をすると、クラウドワークス社長の吉田浩一郎さんから、「退任、お疲れ。ちょっとうちの会社に遊びに来ない？」

とお誘いをいただきました。

アートに興味を持つ吉田さんとは、アトコレ時代に面識がありました（といっても、名刺交換をした程度ですが）。

当時、クラウドワークスのサービスは、立ち上がったばかり。失礼ながら、クラウドワークスが何をする会社なのか、正直いってぼくにはわかっていませんでした。

それでも、吉田さんから、

「クラウドソーシングの世界観はすごいよ。おもしろいから、一度、インターンとしてやってみない？」

とお声がけをいただき、「ぜひ、お願いします」と即答しました。

ぼくが迷わなかったのは、

「思わぬ人生の出会いが、次のステップにつながる」

「気楽に、フットワーク軽く動いたほうが、物事はうまくいく」

と思っているからです。

成長するためには、まず物事に取り組む必要があります。それには、フットワークを軽くすることです。気になることがあれば、しり込みせずに行動したほうがいい。考えてからやるのではなく、やりながら考えるのです。

思い切ってポンと飛び出し、やってみて、嫌ならやめて、ピンときたらそのまま続ければいい。何かをはじめるときのハードルは低くしておくほうが、行動量は増えるはずです。

失敗するからこそ、人は伸びる

吉田さんは、本当にふところが深い人でした。吉田さんがぼくに声をかけた理由は、ぼくが失敗を経験していたからだそうです。吉田さんは、

「人は『失敗したあと』に伸びる」
「失敗したからこそ、次がある」

と考える人でした。

吉田さん自身も、「失敗から学んだ人」です。

吉田さんは、演劇青年でした。その当時廃墟を借りて屋外演劇を試みるも、契約ミスから公演が中止に。注ぎ込んだ200万円は返ってこなくなり、劇団員に「俺の半年間を返せ」と殴られたこともあるそうです。

その後、ビジネスの世界に入って独立しましたが、役員が取引先を持って出ていくなど、

失敗の連続。方向転換を迫られた吉田さんは、クラウドソーシングと出合い、会社を立ち上げたのです。だからこそ、若者の失敗を逆にチャンスだととらえてくださったのでしょう。

大人のベンチャーと学生のベンチャーの違いに愕然とする

クラウドワークスでインターンとして働きはじめてすぐ、

「これが大人のベンチャーか！」

と、大きな衝撃が走ったのを覚えています。

吉田さんとぼくは15歳、年が離れていています。なんとかかんとかやっていたぼくとは、実績も、戦略も、経験値も、資金調達も、何から何までレベルが違いました。

「この人の下でやれるなら、勉強になるかもしれない」

そう思いました。


果たしてぼくは吉田さんから多くを学びました。吉田さんは全能感（自分は何でもできるという感覚）を発揮するタイプではなく、ぼくに似て、「学びながら、コツコツ修正していくタイプ」です。

経営トップに求められるのは、「適切に判断する」ことです。経営トップだからといって、すべての業務に精通することはできません。営業、技術、開発など、それぞれ専門性を持つ社員から情報を集め、知識を吸収する。そして、会社の状況、状態に照らして適切に判断するのがトップの役割です。

吉田さんはどんなときでも慢心せず、人の意見に耳を傾け、時に大胆に、時に慎重に状況を判断する人です。その柔軟さと変化力は、ぼくにはないものでした。

吉田さんは、何度もぼくに「大学卒業後も一緒にやろう」と声をかけてくれました。ですが、「このままここで働くべきか？」、ぼくは迷い、返事を先送りにしていました。

当時のぼくの知識では、クラウドソーシングのポテンシャルを測れなかったこと、それから、「内定も出ていることだし、一度、大手ＩＴ企業で経験を積んだほうがいいのではないか？」と思ったことが理由です。

進むべき「世界線」の見つけ方

そんなぼくの悩みを吹き飛ばした大きな出来事があります。

クラウドワークスのメンバーに帯同して、アメリカのシリコンバレーへ視察に行くことになったのです。

エバーノート、グーグル、フェイスブック（現メタ）……。そうそうたる企業を訪問し、IT業界の最前線、そして、その未来を感じ取ることができました。彼らの技術力、やっていることの規模の大きさ、そして何よりも成功・失敗にこだわらず革新的なことに挑戦する姿勢といったものを目のあたりにし、鳥肌が立つ思いでした。それは当時のぼくにとって、文字通り、夢のような時間でした。

このツアーが終わる頃には、

「やっぱり自分がやりたいのは、こういう世界線なんだろうな」

「やっぱり自分は、何かコトを起こして、世の中にインパクトを与えたいんだな」

と確信しました。

クラウドワークスへの入社と執行役員就任が決まったサンフランシスコのカフェ。筆者（右端）の隣に座っているのが社長の吉田さん

スタンフォード大学にて。同大は世界でもっとも多くの起業家を輩出していることでも知られている

2014年12月、クラウドワークスが株式上場した日の一枚（前列右から３人目が筆者）

自分が何かに悩んでいるのなら、実際に
「その場所に行ってみる」

「その人に会いに行ってみる」

ことが一番だと思います。

そこで心が動いたのなら、思わず大きな声が出てしまったのなら、ワクワクして夜眠れなくなったのなら……、それは、自分が進むべき世界線です。


ぼくの気持ちは決まりました。

サンフランシスコのカフェで吉田さんに、「入社する」という意思を伝えると、意外な申し出が返ってきました。

「入社を決めてくれたなら、執行役員としてやってもらおうと思っている」

こうしてクラウドワークスに参画し、学生ながら執行役員として入社することになりました。大学4年生の夏のことです。

「求めてくれる人」のいる場所で仕事をする

内定をいただいていた2社を断り、クラウドワークスを選んだ理由のひとつは、

「求めてくれる人と仕事をすることで、自分の成長スピードは加速する」

と考えたからです。


もうひとつの理由は相性です。世の中には自分と相性が良い人もいれば、悪い人もいる。相性が悪い人と人生をともにするのは、苦しいだけです。逆に良い人とめぐり会えれば、自分の力が何倍も引き出されます。


「自分が求められている場所は、どこなのか？」

「自分を求めてくれる人は、どこにいるのか？」

「自分と相性が良さそうな場所は、どこなのか？」

「自分と相性が良さそうな人は、どこにいるのか？」

を考えてみる。


そしてその場所が見つかったら、思い切って飛び込んでみる。

その結果、自分の力が一気に発揮され、成果・成長に結びつくのです。

人生の勝者は、「自分の居場所を見つけた人」

一般的な就職活動はコスパの悪い「椅子取りゲーム」

高収入とネームバリューを求め、「就職するなら大企業」と考えている就活生が今も多いようです。

大企業への入社は、狭き門です。従業員規模5000人以上の企業の場合、2024年卒の「大卒求人倍率」（学生ひとりに対し、企業から何件の求人があるのかを算出したもの）は、0・41倍（リクルートワークス／「ワークス大卒求人倍率調査」）で、全体の求人倍率（1・71倍）を大きく下回っています。

この倍率からもわかるとおり、大企業から内定をもらうのは至難の業です。

先述しましたが、「就職企業人気ランキングの上位に就職したら『勝ち』で、入れなかったら『負け』」と考えるのであれば、ほとんどの就活生が「負け」になるのが実情です。

ぼくたちは、「この世は競争社会」「競争して勝ちなさい」と、子どもの頃から刷り込まれてきています。

しかし、「人生は競争である」「競争の勝者＝成功者である」と解釈した場合、多くの人は勝者（成功者）にはなれません。数の限られた椅子取りゲームに勝ち続けることは不可能に近いからです。

仕事選びは、「椅子取りゲーム（少ないパイを奪い合う競争）であってはならない」とぼくは考えています。

「有名な学校に入って、大きな会社に入って、高い給料をもらう」のも、ひとつの生き方として正しい。一方で「大企業でなくても、給料はそれほどでなくても、自分らしく働ける会社に就職する」のも正しい。ぼくのように、「まだ確立されていない場所に行き、開拓していく」という道も正しい（そのほうが大きなリターンが得られる可能性もあります）。

どの道を選ぶにせよ、**大切なのは、自己理解と目的意識を持つこと**を怠らないことです。

「自分はなぜ、その仕事をしたいのか？」「どうしてその職場で働きたいのか？」を明確にし、その目的意識にそって仕事を選択する。そして、できるだけ人と無駄に競争しない方法を考えることが大切です。

「自分の夢や目標を実現できるかどうか？」

「『自分らしさ』とは何なのか？」

「自分が本質的に成し遂げたいことは何なのか？」

といった「人生観」を明確にしておかなければ、仕事選択のミスマッチが起きます。多くの人と同じ選択肢を疑いもせず取ってしまうと、いつの間にか激しい競争にさらされ、自分らしさを失ったまま時間が経過する。そんな無益なことは避けるように仕事を選ぶことが肝要だと思うのです。

「戦略」とは「戦い」を省略すること

人生の勝者とは、他者を押しのけて椅子に座った人ではなく、最初から椅子取りゲームには参加せず、

「自分の居場所を見つけた人」

のことだと、ぼくは考えています。

自分の居場所とは、

「自分の強みを発揮できる場所」

「自分の目標、目的を実現できる場所」

「自分との相性が良い場所（個人の人格とマッチしている会社）」

のことです。


「自分の居場所を見つけたら勝ち」と考え方を変える。そうすれば、他者と競い合う必要はなくなります。無駄に疲れることも傷つけ合うようなこともありません。そして全員が勝者になれます。

「戦略」という言葉は、「戦いを略す」と書きます。戦略は、戦いに勝つための策ではなく、「戦いを省略して、戦わなくても勝てる（負けない）場所を見つける」ことです。

「こここそ、自分が輝ける場所だ」と言い切ることができたら、その時点でその人は「勝った」ことになります。

繰り返しになりますが、「みんながやっているから」「人気ランキング上位の会社だから」「親に言われたから」といったスタンスでいると、必然的に競争に飲み込まれ、消耗したあげく、負ける確率が高くなる。それよりも、「自分の強み、目的意識、目標と向き合い、居場所を見つけるのだ」と、発想を切り替えるのです。「戦わない方法」を見つけられたなら、自分だけのオリジナルな人生を力強く歩めるようになります。

目的意識を持たなければ、自分の居場所は見つからない

自分の居場所を見つけるための大前提は、「目的意識を持つこと」です。

目的意識を持たずに就職先を決めた場合、何の成長も、成果も達成感もないまま、転職を繰り返すことにもなりかねません。

そうならないためには、

「何のために就職するのか?」

「何のために働くのか?」

「自分は何が強く、特徴は何で、目標はどこにあるのか？」をはっきりさせます。

【目的意識の見つけ方】（130ページ参照）

①さまざまな情報に触れる

↓

②その中からピンときたもの、ワクワクしたものを深掘りする

↓

③目的意識・目標を見定める

「自分だったら、その世界でどんなことをやってみたいか？」

「このジャンルの仕事に就いたとしたら、どんなことをしてみたいか？」

「このテーマを人生に取り入れるとしたら、どんなライフスタイルを送りたいか？」

を考えます。


目的意識・目標が定まると、「自分の居場所を探す」という行動に移りやすくなります。

自分のエネルギーを全解放できる場所を探す

自分の力を100%発揮できる職場で働く

クラウドワークスに入社するとき、ぼくは、

「せっかく入ったのだから、命がけでやろう」

「スキルや実力ではかなわなくても、『この会社をなんとかしたい』というパッションだけは、ほかの社員の誰よりも強く持ち続けよう」

と覚悟を決めました。

起業家には、2つのタイプがいると思います。

タイプ① 自分ひとりで会社を立ち上げて、自分ひとりで支援を勝ち取りながら、不安を次々と払いのけ、ひたすら突き進むタイプ

タイプ② 自分の実力を冷静に見つめ、恐怖や不安と折り合いをつけながら、少しずつ自信を獲得するタイプ

アトコレ時代のぼくは、タイプ②でした。

ただ、冷静に考えると、アトコレ設立時は、恐怖と対峙することを知りませんでした。家庭環境が安泰ではなかったこともあって、失敗や墜落に対する恐怖心が人より強かったのかもしれません。だからこそ、「何も見えない中で、自分を信じて突き進む」ことが苦手だったのです。

クラウドワークスに入ってからは、迷いや恐怖はなく、吹っ切れた感覚がありました。「ぼく自身が経験を積んでいたこと」もありましたが、それ以上に、クラウドワークスはアトコレに比べて組織にすきがなかったからです。

大げさな表現ではなく、ぼくはクラウドワークスでの仕事に「熱狂」していました。

最初の会社では苦難の連続でしたし、学生起業でも悩みの連続でした。自分の力を100%発揮することもできませんでした。

ですが、クラウドワークスでは、すべてが解放されて、「自分の力を100%発揮している感覚」を持てたのです。

自分の力を解放できない場所にいると、主観的に自分を肯定できません。すると、だんだんと精神が蝕《むしば》まれていきます。

クラウドワークスでは、思い描いていたスタートアップの成長と、その中での自分の成長がリンクしていて、「あとはやるだけ」という条件がそろっていました。会社の成長と自分の成長が正比例して伸びている実感がありました。

目的意識や目標がはっきりしていれば、停滞していても、やがて必ず成果につながります。目標に向かって努力を積み重ねていれば、自分がイメージする結果はあとからついてくるものです。

目的意識や目標と結果が少しずつつながってくると、自分の中で「熱狂」がわき上がってきます。反対に目的意識や目標が曖昧になっていると結果もついてきにくく、多少結果が出ても、自分の中でそれが本当に得たいものかもわからなくなるのです。

自分の中にある強みやピンとくる感覚から出てきた目的意識、目標。これらを持ちながら、イメージした結果がついてくるまで粘り強く努力を続けること。これが自分が100%力を発揮できる居場所を見つけるためのプロセスです。

大きな地殻変動が起きる場所を探し当てよう

歴史的成長のど真ん中にいた幸運

クラウドワークスは、予想以上に順調に伸びていきました。サービスリリースのあと、すぐに数字（実績）が積み上がり、資金調達もうまくいきました。サービス開始から数ヵ月で3億円、1年後には10億円以上を調達しました。国内のITスタートアップで、「創業2年で10億円以上」を調達した会社は、おそらくクラウドワークスが初です。

2012年から2014年は、日本のスタートアップが大きく変わるタイミングでした。

スタートアップの1年の資金調達総額は、2012年に645億円、2014年に1415億円、2021年には7000億円を超えています。スタートアップ市場は、クラウドワークス創業時の2012年から10年で、10倍以上の成長を遂げました。日本経済について失われた20年、30年ともいわれる中で、これほどの成長は奇跡といえます。

この歴史的な成長のど真ん中にクラウドワークスがいたこと、そしてぼく自身、その当事者として立ち会い、時代の変化を目の当たりにできたことは大きな幸運でした。

ぼくが**幸運をつかみ取れたのは、成熟業界から離れて、「大きな地殻変動が起きているところ（業界や会社）」にいたから**です。

自分で新しいものを生み出したいという意欲や目的意識と、業界全体の成長、そしてすきがないスタートアップ環境が重なり、それが結果につながったのです。

ねらうべきは局地戦

1990年代以降、日本の経済成長は長期にわたり停滞し、「失われた30年」とも呼ばれています。国際競争力の低下と少子高齢化がさらに進めば、「失われた40年」に突入する可能性も否定できません。

ですが、ぼくはそれほど悲観していません。なぜなら、

「人生を局地戦で考えている」

からです。

「局地戦で考える」とは、一部の成長産業や成長企業、新市場に目を向けることです。ゆるやかに後退する日本経済の中にも、成長の可能性を秘めた「局地」があります。たとえば、国内市場においてスタートアップ企業は存在感を増していますし、「高い成長率が見込めない」「競争相手が多い」といわれる成熟産業であっても、最新技術の導入によってイノベーションを起こすことが可能です。

メディアの世界では、新聞やテレビよりもYouTubeやTikTok、インターネットテレビが大変な勢いで伸びていることは明らかですし、Netflixなどの新しい

視聴体験も伸びています。クラウドワークスも、人材マッチングをインターネットという技術を使って実現しました。人口が増えない、GDP（国内総生産）が増えない日本であっても、「ある部分は急速に変化していて、急速に伸びている」のです。

全体が停滞する中で、みんなと同じ船に乗る末路は、沈没です。そうならないためには、自分の居場所を局地的に探す必要があります。日本全体が沈んでも、成長する局地に身を置き、そして自分を磨けば、結果が出る確率は上がります。

一個人の人生を考えるなら、「一般的な日本人が取らない逆張りの選択」を取り続けないと、明るい未来は手に入りにくいのです。

市場を局地的にとらえるには、世の中の流れや波を理解する必要があります。流れを知るには、技術的な波、政治的な波、経済的な波、人口動態の波などに関心を持つことです。「知識や情報が足りないと、個性を発掘できない」ように、知識や情報が足りないと、世の中の流れを理解することはできません。

本当に強いのは、泥臭くても丁寧な仕事をし続ける組織

クラウドワークスは創業3年目まで、ひとり（子育ての事情）を除き、「退職者ゼロ」で会社を運営し、非常に大人な、安定した戦い方をしたと思います。

サービスのアイデア以上に、「実行力や経営・文化の安定性」が大事なのだとあらためて実感する日々でした。

ミッション（使命）とビジョン（将来の展望）が確立されていて、中にいる人材にカルチャーが根づき、一生懸命泥臭く、丁寧な仕事をし続ける組織は強い。クラウドワークスは、まさにそんなスタートアップ経営ができていました。

想定以上にスピーディーに上場する機会に恵まれ、創業から2年9ヵ月後の2014年12月12日、東証マザーズ（現グロース）市場に上場することになりました。

当時ぼくは25歳。上場企業役員としては最年少だったと思います（最年少記録は「上場時の社長が25歳」なので、同年齢での役員としての上場という意味です）。

スタートアップが創業から上場するまでの平均期間は、13年といわれます。

また、スタートアップの中で上場できる会社は、「1000社に1、2社程度」ともいわれていますから、2年9ヵ月で上場まで持っていけたのは、まさに幸運としかいいようがありません。


クラウドワークスが早い段階で上場できた大きな要因は、

「熱意を持って、一生懸命に働く人が多かったこと」

です。

「社員が企業のビジョンとミッションに共感し、その実現のために全力を注いでいる環境」

「自分自身の目標、目的が企業のビジョン、ミッションと一致している環境」

を探し出すことができれば、地殻変動に立ち会うことが可能だと思います。

右肩下がりの日本で、右肩上がりを実現する戦略とは？

20代なら、「スタートアップに行かない理由はない」

高度経済成長期の画一的な社会と違って、今の日本は成熟しています。バブル崩壊後の１９９０年代初頭から現在まで、高度経済成長期や安定成長期のような成長は見られず横ばい、もしくは、右肩下がりの状況です。

ですが、すべての業界や会社、すべての起業家が停滞しているわけではありません。先ほども述べたように、局地的に見れば、「地殻変動が起きているところ」「上昇気流に乗れるところ」が必ずあります。それはＩＴのスタートアップかもしれないし、CO_2排出を低減するような製品かもしれないし、量子コンピュータやＡＩかもしれません。医療や法務、会計士などの安定した士業でも、インターネットやＡＩなど新しい技術による変革は確実に起きています。

停滞中の日本にも、必ず、**地殻変動が起きているホットスポット**があります。ぼくは大学時代からベンチャービジネスの世界に身を置き、**「世界は変わり続けている」**ことを実感しています。

みんなと同じ教育を受け、同じような仕事をしているかぎり、人生も平均的に横ばいか、右肩下がりに沈んでしまうでしょう。

だとすれば、むしろ、

「変化の激しい業界」

「スタートアップ（起業から短期間で急成長を遂げている企業）」

「フリーランス業界（ＩＴエンジニアやクリエイティブ系など）」

などといった、

「一般的には理解されにくくても、自分には理解できる方向」

「歯車にはならずに、自分の責任において自分の仕事ができる方向」

を目指したほうが、自分自身を高めることができるはずです。

起業家である必要も、経営者である必要もない。フリーランスでも研究者でもいい。大切なのは、「みんなが乗っているレールに乗るのが正しい」と信じ込まないことです。

「競争は、負け犬のすることだ」

この言葉を発したピーター・ティールも、もともとはニューヨーク州の弁護士を目指すエリートでした。しかし、「みんなと同じことをしていたら同じリターンしか得られない」ということに気づき、安定した弁護士事務所を辞め、シリコンバレーに移住し、技術を軸に地殻変動が起きている領域を選びました。それが、金融とインターネットを組み合わせたＰａｙＰａｌ創業の物語です。

「戦わずして勝つには、レールに乗り続けてはいけない」
「レールに乗っていると、競争の世界で生きることになる」
「多くの場合、レールからはずれた場所で地殻変動が起きる」

こうしたことを理解しておくことが大切です（レールに乗るのであれば、「どうして自分はレールに乗る必要があるのか?」を言語化すべきです)。競争の世界から自由でいるためには、「まだ成功するかわからない不確実なものに飛び込む」勇気が大事になってくるのです。その勇気があれば、自分の居場所は必ず見つかります。

今、もしあなたが20代で就職先を探しているとしたら、「スタートアップに行かない理由はない」とまでぼくは考えています。

20代は経験を積み、実力をたくわえる年代。スタートアップは一般的な会社で働くよりも個人に任される裁量が大きくスピードが速い分、得られる経験の質と量が桁違いです。

「会社の成長とともに、自分も成長する」

「自分の成長とともに、会社も成長する」

ことを実感できるはずです。もちろん、成功するスタートアップばかりではないでしょう。

でも、思い出してください。失敗は大きな問題ではないのです。459回の挑戦とまではいかずとも、3、4回、反省点を整理しながら挑戦を続ければ、大きな成果を得られる可能性は高いと、ぼくは経験的に確信しています。

変化と成長を「自分の軸」にしよう

会社も自分も成長する環境に飛び込もう

スタートアップは、基本的に「成長」を大前提としています。

クラウドワークスでは、上場時に2本だった事業が、5年後には10本以上に増えました。ぼくの役割も会社の規模とともに変わり、海外企業への投資、M&A、IR（投資家向け情報提供）活動など幅広い業務を担当することになりました。

クラウドワークスのメンバーの多くは、「成長以外は死」といった精神性を持っているため、守りに入ることはありません。時にはそれがリスクにもつながりますが、ぼくをはじめ多くのメンバーが、

「リスクを負わなければ、スタートアップがこの社会に存在する意味がない」と考えていました。

もちろん失敗もあります。しかし、守りに入らずに「成長」を最優先したからこそ、人材育成、組織マネジメント、事業のポートフォリオ管理、投資家へのコミュニケーションが洗練されて、事業基盤を強くすることができたのです。

成長に特効薬はない

ぼくは上場後すぐに副社長兼COOに就任しましたが、肩書にこだわったことはありません。ぼくがこだわっていたのは肩書ではなく、

「世の中を良い方向に変えるために、自分自身が成長し続ける」

「会社の成長に誰よりコミットし、あらゆる状況に対して変化していく」

こと、つまり「変化し続ける」ことです。そのためにも、どんどん人の力を借りました。

自分自身の経験が浅い分、特定の業務に精通したさまざまなプロを採用して、その人たちからも貪欲に学びました。

変化の過程で、会社の経営トップとして立ち回ることもあれば、社長の意思伝達役に徹することもありました。会社全体のミッションやビジョンを組織内に染み込ませることもあるし、投資家や社外に向けて伝えることもありました。

必要に応じて役回りを変えながら、すべての業務を的確に遂行するには、常に自分をアップデートする必要があります。

ですが、成長に特効薬はないので、地道に、愚直に、学び続けるしかありません。成長をやめる（アップデートするための努力をやめる）ことは簡単です。ですが、やめた瞬間に、ぼくは大きな喪失感を覚えるはずです。なぜなら、

「変化をやめたら、自分じゃない」
「成長をやめたら、自分じゃない」

と考えているからです。

グロースマインドセットを身につける

スタンフォード大学の心理学教授、キャロル・S・ドゥエック博士は、著書『MINDSET

――『「やればできる!」の研究』(今西康子訳、草思社)の中で、2つのマインドセットに言及しています。

①人間の能力は生まれつき固定されたものだと考える
＝フィックストマインドセット(硬直マインドセット)

②人間は成長し続けられると考える
＝グロースマインドセット(しなやかマインドセット)

同書を参考にしつつ、それぞれについて紹介しましょう。

【2つのマインドセットの特徴】

●フィックストマインドセットの考え方

- 「新しいことを学ぶことはできても、知能を変えることはできない」
- 「どのような人間かはすでに決まっているので、変えられない」
- 「やり方を変えることはできても、人となりは変えられない」

◉**グロースマインドセットの考え方**

・「知能は、伸ばそうと思えば伸ばせる」
・「現在がどのような人間でも、変えようと思えば変えられる」
・「人間の基本的な特徴は、変えようと思えば変えられる」

ぼくはこの2つのマインドセットを、

「フィックストマインドセット＝**変化を恐れるマインド**」

「グロースマインドセット＝**変化を楽しむマインド**」

と解釈しています。


局地戦を制するためには、「グロースマインドセット」を身につける必要があります。なぜなら、ホットスポットではトレンドも技術もニーズも、常に高速で変化しているからです。その変化に自分を合わせていくには、変化を恐れない姿勢が求められます。

グロースマインドセットが身についていれば、失敗やトラブルに見舞われることがあっても、その先に待つ成果を信じて問題解決に取り組むことができます。

もしフィックストマインドセットにとらわれているとしたら、その要因のひとつは**失敗に否定的**だからです。

第1章や第3章で前述したように、

「物事の解釈を変えて、プラスの意味づけをする」

「失敗の中から学びを得る」

「失敗してもあきらめない。リスクのあとには必ずリターンがある」

といった「思い込み」を発動して、失敗から目をそむけないことが、これからの時代はますます重要です。

戦わずして勝つには、早い年代から、できれば20代からグロースマインドセットを身につけて、「まだ成功するかわからないもの」「会社も自分も成長できる環境」を探し、積極的に飛び込むことが大切です。

成長は相対評価である必要はなく（他者や他社と比較する必要はなく）、自分で実感すればいいものです。

「自分たちは毎日、毎月、毎年成長している」。そう思える場所を選ぶことが重要です。

成長は無理やりするようなものではありません。しかし適切な速度の成長は、ポジション、機会、仲間など、人生に必要なさまざまなものをもたらしてくれるはずです。

次のステージは、試練を乗り越えた先にこそある

急成長には強い「成長痛」がともなう

組織であれ、個人であれ、急成長には、しばしば「成長痛」がともないます。

クラウドワークスもご多分に漏れず、急成長したことによって、組織マネジメントの難しさや、採算の合わない事業の対処などに苦戦することになりました。

上場直後の2015年、会社は新しいフェーズに入っていました。社員数の増加や事業の多角化など、急激な環境変化にともない、組織として変革するべきタイミングを迎えていました。

ですが、変革が後手に回りました。

新たにメンバーを採用したり新規事業を立ち上げたりすると、組織マネジメントは複雑になります。それに対応し切れず、退職率は一時期30％を超え、会社の時価総額も上がらず、数年もの間、非常に苦しい状況が続くことになりました。主要メンバーの離脱、顧客離れ、パンデミック（新型コロナウイルス感染症の世界的流行）など、課題と直面する日々でした。

問題の主な要因は、次のようなものでした。

- 経営陣の目線が合っていない（考え方が統一されていない）
- 会社の価値観がブレてきている（会社のコアを見失っていた）
- マイクロマネジメントで組織に深く介入しすぎた（過干渉した）
- 不確実性の高い大きな投資に手を出した
- 社長のメッセージが社員に届いていない
- マネジャー陣との意思疎通ができていない

会社は崩壊寸前。ぼく自身も自分を律することができずに、軸がブレていました。

そこで、役員同士で何度も話し合い、社員からも何度も意見を求めて課題を特定し、粘り強く経営を改善し続けました。その結果、2020年頃から会社の構造改革に成功しはじめたのです。

改革や改変にともなう成長痛も、「次の成長への布石だ」ととらえ、前向きに楽しみ、次につなげられるかが、大事になってくることを深く学んだ出来事でした。

「苦しいから辞める」という選択は、成長をストップさせる

正直、あの当時は、「苦しいな」「辞めたいな」と思うことの連続でした。それでも今、「辞めなくて良かった」と心から思います。

もちろん、「はじめるも選択、辞めるも選択」です。

しかし、「苦しいから辞める」という選択をすれば、それはぼくの父のように、現実から逃げることになります。逃げた先に「自分の本当の居場所」があるとは思えません。

アトコレのときのぼくであれば、あの試練を乗り越えることはできなかったと思います。

ですが、クラウドワークスで起きていた試練は、ぼく自身が、そしてチーム全員が次のステージに行くために必要な「乗り越えるべき試練」と考えることができました。

「試練＝自分を苦しめるもの」と解釈するのではなく、逆張り思考で「試練＝成長の源泉」と解釈したからこそ、

「自分たちに足りないものは何か？」

「それを得るために、どうしていくべきか？」

を建設的に話し合うことができたのです。

結果としてクラウドワークスは、コロナ禍を乗り越えて、売上100億円、利益10億円、成長率30％超という大きな成果にたどり着きました。M＆Aも再開し、その成果も出て、離職率も大きく改善しました。

クラウドワークスは、大きく攻める段階へと成長し、次のステージに入ることができたのです。

複数の仕事を持つと自分らしさを表現しやすくなる

副業や投資が「自分らしく生きる」きっかけに

「戦わずして勝つ」ためには、自分の経済状況や精神の安定も重要になってきます。

その手段として、**「①複数の仕事を持つ」「②投資をする」**ことも重要になると思います。


お金があれば、幸せになれるとは思いませんが、経済的な自由度を上げることで、

「自分らしさを表現しやすくなる」

とは考えています。


なぜなら、**リスクを取りやすくなる**からです。

経済的に困窮していると、安全欲求（健康で、経済的にも安定した生活を送りたいという欲求）を満たすことが最優先となり、自己実現や目標達成が後回しになります。そうなれば、嫌でもしかたなく働くことになりかねない。

一方で経済的な不安がなければ、選択の自由度が高まり、「競争からはずれた生き方」「自分の強みを生かした働き方」も選択しやすくなります。

たとえば、投資をする、副業をする（副業では局地戦で戦う）など、お金の自由度を長期的につくっていくことで、「自分のやりたかったこと」「お金がネックになってトライできなかったこと」もできるようになります。

①複数の仕事を持つ（副業をする／スラッシュキャリア）

自分の中で、

「自分はこういう人間である。だからこれがやりたい」

「自分の目標、目的はこれである」

と言語化できているのなら、そのゴールに向かって突き進めばいいでしょう。

ですが、「自分の個性や強みがまだはっきりしない」「やりたいことがまだ見つからない」

のであれば、そのままの状態でレールの上を走り続けるのは危険です。

今の時代、「多くの人と同じレールに乗っていれば安泰」ではないことは先述した通りです。競争の世界から抜け出すことが難しくなりますし、何より日本全体が停滞しているので、平均的に自分も停滞していく可能性が高いです。

だとすれば、スラッシュキャリアや副業などのように、レールからはずれた働き方を模索することも必要です。スラッシュキャリアとは、複数の仕事や活動、肩書を活用してキャリアを形成することです。

副業をしたり、複数の仕事を持つことで、

- **「自分の強み」や「仕事の目標、目的」を探すことができる**
- **収入源を複数持つことで、リスクヘッジになる**

といったメリットが期待できます。

また、収益の柱を複数持っておくと、人生は前向きに変わっていきます。新たな出会いが生まれ、次のキャリアにつながる可能性もあります。

②投資をする

投資をすることは、人生の自由度を高めることです。

お金の制約があると、生活のためや老後のために働くようになって、「やりたくないけれどしかたなく仕事をする」ことにもなりかねません。

本来、**「お金を稼ぐこと」は人生の目的ではなく、「やりたいことに近づくための手段」**です。

拝金主義者になる必要はありませんが、

「お金は、自由を手にするための手段」

「お金は、自分が得意なことをやっていくためのガソリン」

にもなるため、自分の居場所を見つける上でも、戦わずして勝つためにも、投資（自己投資も含めて）は必要です。

ぼくがはじめて株式を購入したのは、20歳のときでした（自分では遅かったと思っています）。

投資をしたことで、「時間を味方につけることの大切さ」を認識できました。

投資には「複利」という概念があるからです。複利とは、最初に投資したお金から生じた利益（分配金や運用益など）を再投資することで、時が経つほどに利益が利益を生むことです。

お金にかぎらず、スキルも経験も、時間をかけてコツコツ積み上げていくと、10年後、20年後に大きく開花します。投資を経験すると、「積み上げることの大切さ」を実感できるはずです。

第5章

チャンスを見きわめ、運をつかみ取る

才能だけでは、成功はおぼつかない。
成功する「自分の居場所」を見つけられるのは、
才能に恵まれた人よりも、むしろ
運に恵まれる人であり、
目の前の運をつかむ力がある人だ。

「思い起せ、君はどれほど前からこれらのことを
延期しているか、またいくたび神々から機会を
与えて頂いておきながらこれを利用しなかったか」
—— マルクス・アウレリーウス『自省録』

成功しやすいのは才能よりも「運」に恵まれた人

成功の理由はどこにある？

アメリカの科学誌『Improbable Research（風変わりな研究の年報）』が毎年主催している「イグノーベル賞」（人々を笑わせ、そして考えさせられる研究）の経済学賞に、「なぜもっとも才能のある人ではなくもっとも幸運な人が成功することが多いのかを数学的に説明したことについて」（発表者：アレサンドラ・プルキーノ／アンドレア・ラピサルダ／アレッシオ・エマヌエレ・ビオンド、2022年度）

という研究が選ばれました。

「成功するために必要なのは才能なのか、それとも運なのか？」

という疑問に対し、1000人以上のキャリアをシミュレートした結果、「そこそこの才能を持った非常に幸運な人は、非常に才能を持った不運な人よりも成功する」

ことが示されたそうです。

「もっとも才能のある人が、もっとも成功するわけではない」
「才能はそこそこでも、幸運に恵まれたなら、成功する確率が高い」
というこの結果に、ぼくも経験的に同意します。才能に恵まれた人でも、運に見放されると「目標達成」までの道のりは遠のいてしまうものです。

では、どうすれば運を良くすることができるのでしょうか？

運は、「①自己理解」「②目標（目的意識）」「③試行錯誤」の掛け算で決まるとぼくは考えています。

そして、それぞれの係数の総量が大きいほど、新しい運を導き出す確率が高くなります。

【運の公式】

運＝「①自己理解」×「②目標（目的意識）」×「③試行錯誤」

①自己理解

「自分の強みは何か？」「自分が興味を持てる分野は何か？」「自分は、どんなことにピンとくるか？　ワクワクするか？」を言語化する。

②目標（目的意識）

漫然と仕事をするのではなく、「何のために働くのか？」「どのように社会の役に立ちたいのか？」「世の中にどのような変化を起こしたいのか？」「自分の強みをどのように生かしていきたいのか？」を言語化する。

目的に向かって自覚的に生きるからこそ、そこに至るための具体的な知識や手法が手に入る。

③試行錯誤

目標に向かって、全力で取り組む（勉強する、研究する、オーディションを受ける、転職する、副業する、起業する……）。

フットワーク軽く行動する。失敗したら、「なぜ、失敗したのか?」を検証し、「学び」を得る。失敗しても「もう一度やる」。「あきらめなければいつか成功する」と気持ちを切り替えて、すぐに再チャレンジする。この挑戦の数をできるかぎり増やしていく。その結果、何らかの成功（成果）を必ずつかみ取ることができる。

まとめると、自分の強みを知った上で（①自己理解/第2章参照）、その強みを発揮できる目標を設定する（②目標設定/第3章参照）。そして、ゴールを目指して行動を起こす。思い通りにいかなくても、あきらめない。やると決めたら、全力で取り組む。失敗してもくじけず、すぐ次に生かす。「行動→振り返り」を繰り返す。試行錯誤（③）を続けることで、少しずつ運が近づいてくるのです。

運を呼び込む5つの行動

意外性があるからこそ、人生はおもしろい

ぼくの経験上、**大きなチャンスや運は、しばしば自分の想像とは違った角度から訪れます。**

アスタミューゼに入社して奮闘していたとき、自分で起業するとは思っていませんでしたし、まさかクラウドワークスのような会社に入り、上場を経験するとも思ってもいませんでした。

クラウドワークスに入ってからも、スタートアップの急成長、上場、上場後の混乱、そして経営改革による業績の急回復と目まぐるしい日々でしたが、こうした激変も入社時に

はまったく想像できませんでした。もっと言えば、今、こうして本を書いていることも、映像メディアに出て話をすることも、想像していませんでした。

でも、それでいいのです。

それが自分の運命でもあるし、それこそが「自分の歩むべき道」だったのです。

目的意識を持って取り組んで、行動して、試行錯誤して、その中で意外性のある運をつかみ取る。

これこそが人生の醍醐味《だいごみ》なのではないでしょうか。

運を呼び込む行動① 視点を「忘己利他」に切り替える

「有名になりたい」「お金持ちになりたい」といった目標は、自分本位な目標、自分だけが利益を享受する目標であって、他人の幸せに寄与する目標ではありません。

最初の動機はそれでもいいかもしれませんが、いつまでも「自分のこと」しか考えていないとしたら、どんどん孤立していきます。他人を応援しない人が、他人から応援されることはないからです。

もちろん、自分の好奇心に忠実に生きることは大事です。しかしその行動が、

「他者や社会に対して、どういう意味を持っているのか？」

「自分の夢や目標は、みんなが喜べるものなのか？」

と常に自問すべきでしょう。

ぼくは高校時代、バスケ部の監督から、ことあるごとに「忘己利他《もうこりた》」と指導を受けました。忘己利他とは、天台宗の祖である最澄の言葉です。

ぼくなりにその言葉を翻訳するとこうなります。

「自分の欲のために他者を犠牲にしてはいけない」

「『自分を生かしたい』『自分を守りたい』という自己中心性を捨て、他者を生かすことを考える」

「他者を生かすための行動が、結局は自分を生かすことにもつながる」

「他者に先に『与える』ことで、自分も多くの人から応援されるようになる」

個人が自己利益を追求するのも大切ですが、それだけでは人が共感しないことは誰でも理解できることでしょう。他人の幸福にも関心を持つことで、自分自身にも運がめぐってくるのです。

欲にまみれず、利他に活路を見いだす姿勢。それが運を呼び込む前提です。

運を呼び込む行動②　リスクを取って挑戦する

「中学時代から大学の授業にもぐり込む」「国際ビジネスコンテストに携わる」「20歳でベンチャー企業の社員になる」「学生起業する」「大学4年生でスタートアップの役員になる」……。

ぼくの行動はすべて、リスクテイクをともなってきました。

「やれそうだから、やる」のではなく、

「おもしろそうだから、やる」

というのがぼくの基本スタンスです。そしてぼくがリスクに寛容でいられるのは、

「リスクなくして、リターンなし」

「たとえ痛い目にあっても、やり続ければ、絶対に成功する」

と信じているからです。

世の中の多くのことは、リスクとリターンの関係で出来上がっています。

大人気ゲーム「星のカービィ」などを手がけるゲームクリエイターの桜井政博さんが**「ゲームのおもしろさはリスクとリターン」**と語っています。同じようにぼくは、「人生というゲームのおもしろさも、リスクとリターン」であると解釈しています。大変なこと、わからないことにチャレンジすると、これまで得られなかったリターン（損失という経験も含む）が得られ、それがアドレナリンの放出につながり、楽しくなっていく。人生はこの連続だと思うのです。

チャレンジすることは、とりもなおさず「リスクを取る」ことです。リスクを受け止めつつ前に進むことで、新しい扉が開かれていきます。

そして、実はこれからの時代は「現状維持や、『みんなと同じ』を選択するほうが、リスクは大きい」のです。なぜなら、世の中の早すぎる変化に対応できなくなるからです。

運を呼び込む行動③ 怖がらず、フットワークを軽くする

人から誘われたら、基本的に「イエス」と答える。

やったことのないことは、興味がなくても、とりあえずやってみる。

「自分には向いていない、できない」と自己否定しない。

自分を成長させる源泉は、新しい経験です。

成長の出発点は、「できなかったことが、できるようになること」「知らなかったことが、わかるようになること」です。そこから、成功と失敗を積み重ねることで、自分に必要なもの、不要なものの選別ができるようになります。

『ハリー・ポッター』シリーズの作者J・K・ローリングも、ハーバード大学の卒業式での祝辞の中で**「失敗は自分に不要なものを教えてくれる」**と言っています。いろいろなことに挑戦し、そこから成功と失敗を積み重ねれば、自分の輪郭がよりはっきりと見えてきます。そして、自分の可能性を広げることができます。これこそが成長です。

今の自分にできること、やったことがあること、知っていることだけを続けていても、新しいチャンス（運）は見つかりません。今の延長線上にあるのは、今と変わらない日常です。

ぼくがクラウドワークスに入社することになったのも、たまたま参加した懇親会の場で吉田さんと出会ったからでした。「懇親会は苦手だから」「面倒だから」と参加を断っていれば、入社はなかったでしょう。

「ああでもない、こうでもない」と頭の中で考えているだけでは、何も変わりません。大事なのは、行動を先送りにしないフットワークの軽さです。

速く走ることは難しくても、早くスタートを切ることなら、誰にでもできます。何事も怖がらない。失敗を恐れない。自信のない自分にふたをして、とりあえずやってみる。「思いがけないこと」の量を多くする。そうした行動が、チャンスを呼び込みます。

運を呼び込む行動④ 失敗をさらけ出し、失敗から学ぶ

日本の学校教育は、減点主義です。「挑戦すること」以上に、「ミスをしないこと」が評価されます。少なからぬ企業もそうかもしれません。

ぼくは、「若い人材の教育現場においては、減点主義は根本的に間違っている」と考えています。減点主義が横行すれば、「失敗すると評価が下がる→評価を下げたくない→挑戦すると失敗する可能性があるから、挑戦しない→失敗なく過ごすことを優先する」という考え方にかたよってしまいます。もちろん、プロの現場では、失敗が許されないケースもあります。「失敗しても何度でも挑戦できる」と甘く考えるのは、プロとしてあるべき姿勢とはいえません。

しかし、まだ成長過程にある若い人材の場合、「失敗してでも挑戦する」「失敗したらそこから学ぶ」という意欲がなければ、自分を成長させることは不可能です。

大きな借金を背負ったり、法律違反のように社会通念上許されないことに手を染めたり、心身を壊したりするような挑戦は当然避けるべきです。ただ、その上で、ぼく個人は、**「自分が取れる選択肢の中では、一番リスクが大きそうなものを取る」**

ことを心がけています。

大きな挑戦をすると、ほぼ必ず最初は失敗します。ですが「失敗」にこそ、最大の意義があります。「その失敗から得た教訓」を次に生かせるからです。

「失敗→フィードバック→行動→失敗→フィードバック→行動」のサイクルによる学びを「経験学習」といいます。ぼくはこの経験学習こそが、全日本人の成長にとって重要なキーワードになると考えています。

失敗をしたとき、多くの人は隠そうとします。ですが失敗は、思い切ってさらけ出せばいいと思うのです。ふたをする必要もないし、恥ずかしがる必要もありません。「失敗してしまった。でも次は頑張ろう」という姿勢が、他人の共感も呼ぶし、自分の成長にもつながるのですから。

運を呼び込む行動⑤　挑戦の数をできるかぎり増やす

第3章で、「成功確率1％の事象でも、459回やれば99％成功する」という確率論の話をしました。失敗から学ぶ話も同じです。リスクを取って挑戦をすると、最初はよく失敗します。ですが、失敗の要因を分析すれば、次は成功確率を上げられます。だからこそ、「挑戦の数」が大事なのです。

1回の失敗でへこたれない。というより「失敗が当たり前だ」という前提に立つ。この発想の転換が重要です。

中国でインターネットコマース事業を手がけ、世界的な企業に育てた「アリババ」の創業者ジャック・マーは、大学受験に2度失敗し、就職試験では30社から不採用の通知を受け、警察官の試験にも落ちたそうです。そんな彼が20代で起業し、一代でアリババをつくり上げました。

人生はどこでどういう逆転が待っているかわかりません。ですが、唯一わかることがあります。それは、挑戦するからこそ、逆転劇も起こるという事実です。

挑戦の数を増やすと、ほぼ確実に、成功に近い成果を得られるタイミングが訪れます。

たとえば、起業の成功確率は数%かもしれません。しかし1回目に失敗しても、フィードバックを次に生かせば、2回目はもっとうまくできるはずです。成功確率は10％に上がっているかもしれません。

2回目の挑戦で失敗しても、まだあきらめない。得られた教訓に基づいて改善を加えれば、3回目の成功確率は50％に上げることだってできます。ようするに、「挑戦の成功確率を上げること」が、失敗から学ぶことの意味なのです。

そして、試行錯誤を繰り返す中で「突然、チャンスが降ってくる」ことがあります。このチャンスのことを「運」と呼びます。

運は、いつやってくるのか、予想がつきません。1回目に訪れることもあれば、10回目、50回目に訪れることもあります。何回目で成功するのか、それは誰にもわからない。ですが、数学的に考えれば、

「くり返すほど、運がやってくる確率（成功する確率）は必ず上がる」

のです。ですから、目標を達成したいのなら、「運がやってくるまで挑戦をやめない」ことが大事になります。

実は、この「運がやってくるまで」が重要なキーワードです。ほとんどの人は、最初の

2、3回、最初の数ヵ月、数年で、成果を求めます。しかし、成果はすぐに手に入るとは限りません。だからたやすくあきらめないこと。「運はいつやってくるかわからない」ことを理解していれば、途中で行動をやめたり、自分の個性や目標を見失ったりすることもないと思います。

みなさんも、ぼくも、あきらめず、**幸運をつかみ続けられる人**へと成長していきましょう。安心して大いに失敗し、苦難を乗り越え、成功していきましょう。

エピローグ

未来に賭ける

クラウドワークスは現在、好調そのものです。今では会員数480万人、国内最大級のクラウドソーシング企業となりました。

2022年9月期の決算では、創業以来の最高売上100億円、営業利益10億円の大台を達成。売上成長率は年間30％を超え、再開したM＆Aも成果を上げ、会社として新たなステージに入ったことは確実です。

2012年3月のサービススタート、そして2014年12月の上場後、すべてが順風満帆だったわけではありません。赤字が続いた時期、成長率が鈍化した時期、文化が確立されない時期もありました。

ですが、2020年からはじまった3ヵ年計画によって生まれ変わり、健全な経営基盤を整えることができました。

今後の長期成長に関しては、「疑う余地がない」とぼくは考えています。

一方で、ぼく個人の人生に目を向けたとき、本当にこのまま同じ会社で働き続けていくべきなのか？　という疑問がわいてきました。


２０１２年にクラウドワークスに参画してから8年ほどたったころ、30歳という節目を意識する中で、

「次の10年で自分はどんな経験をしたいのか？」

「自分が今、想像もできないような未来を得るにはどんな行動が必要だろうか？」

と自問自答しはじめました。そして、

「安住の地を離れ、ゼロになり、まったく新しい挑戦をしてみることが重要だ」

という思いに至ったのです。


「どうして俺がバラードを吹くのをやめたかって？　それは俺がバラードをやるのを愛しているからさ」

ぼくが敬愛してやまないジャズ界の巨人マイルス・デイビスは、過去や伝統を愛しているからこそ、それを壊すような新しい挑戦を生涯をかけて続けました。今までの価値観や考え方をリセットし、新しい革新を生み出し続けました。ぼくもマイルス・デイビスのように挑戦する勇気を持ち続けたいと考えています。もちろん、すべてが成功するわけではなく、失敗を重ねるかもしれません。でも、リスクを取って挑戦しなければ、大きなリターンも手に入らないでしょう。そう、リスクとリターンを楽しむこと。それが人生なのですから。

今までの信頼が蓄積された場所で、今後もある程度の成果を想像することはそれほど難しくありません。変革する社会にあって、クラウドワークスの事業の可能性も大きいはずです。「次の成長も、ともに実現していきたい」という思いもありました。しかしそれでは、

「今の延長線上に見える景色しか、見えないのではないか？」

「本気の人生にならないのではないか？」

「自分にとって、もっと難易度の高いチャレンジがあるのではないか？」

そんなふうに考え続けました。

その結果、出した結論は、
「もう一度ゼロから違う領域で産業やサービスをつくり、過去と自分の想像を超える」
というものでした。

これからはまったく違う領域で、違う技術で、違う地域で、新たな産業を生み出していくことになります。

自分が20歳の頃に立てた目標のうち、「22歳で役員になって、24歳で上場する」という目標は、1年遅れでしたが、達成できました。一方、教育・学校設立や科学技術研究所の設立、スポーツ球団経営などの目標は、まだまだ途上です。

今またゼロになり、新たな目標を立て、20歳の頃に立てた夢に向かいます。もちろん、家族や友人との時間も大切にしながら。

ぼくが怖いのは、「失敗すること」ではなく、「挑戦しないこと」です。その過程で起きる苦しみやある種の不幸すら、自分の人生の彩りなのですから。

困難にぶつかっても、それでも前を向き、自分を信じて、最善を尽くす。挑戦し続けることこそが、自分オリジナルの人生を生きることです。

「人は死の間際になってはじめて本気で生きてこなかったことに気づく」

アメリカの作家ヘンリー・デイヴィッド・ソローのこの言葉は、真実だと思います。だとすれば、80歳、90歳になったときに後悔しないよう、過去に得た結果に執着せずに、ワクワクする方向に身をゆだね、本気で生きてみる。目の前に起きる現実を受け入れ、不幸をも楽しむ勇気を持ち、前を向く。

その先に、自分にしか見いだせない唯一の道、想像を超える未来を見つけることができるのではないでしょうか。

繰り返しになりますが、本書はささやかな人生の試行錯誤の軌跡と教訓をまとめたポエムのようなものです。それでもきっと多くの方の役に立つと強く信じて、この世界に送り出します。

みなさんの人生が少しでも明るいほうへ向かっていくきっかけになったなら、これほどうれしいことはありません。心から応援しています。

最後になりましたが、謝辞を述べさせてください。執筆にあたり、あらためて自分の人生をより深く振り返る機会に恵まれました。失踪した父や倒れた母、常に刺激をくれた兄はもちろん、苦しいときに助けてくださった後輩のご家族のみなさん、バスケットボール部の恩師である監督やチームのみなさん、サークルの友人や先輩、アスタミューゼやアトコレのみんな、吉田さんをはじめとしたクラウドワークスのみなさん、友人起業家のみなさん……みなさんとのすべての出会いが、今の自分の人生の糧となり、彩りとなりました。かけがえのない財産をいただき、ありがとうございます。

そして何より、常に支え続けてくれる家族に感謝を伝えたいと思います。いつもありがとう。これからもよろしくお願いします。

成田 修造

成田 修造（なりた しゅうぞう）

起業家、エンジェル投資家（国内外数十社のベンチャー企業に投資・支援）。14歳で借金を残して父親が失踪し、その後、母親が脳出血で倒れ、自己破産する。そうした中で慶應義塾大学在学中よりアスタミューゼ株式会社に入社。その後、株式会社アトコレを設立し、代表取締役社長に就任。2012年より、日本最大のアウトソーシングサービス・株式会社クラウドワークスの創業期に参画し、大学４年生で執行役員として入社。取締役に就任後、創業わずか３年目（2014年）、25歳のときに上場を果たす。上場後は取締役副社長兼COO（最高執行責任者）として同社の全事業を統括し、2022年には取締役執行役員兼CINO（最高イノベーション責任者）としてさまざまな新規事業開発や投資に携わる。2023年、クラウドワークスを卒業後、複数の社外取締役などに就きながら、起業等、新たな挑戦を開始する。

逆張《ぎゃくば》り思考《しこう》　戦《たたか》わずに圧倒的《あっとうてき》に勝《か》つ人生《じんせい》戦略《せんりゃく》

2023年7月28日　初版発行

著／成田《なりた》 修造《しゅうぞう》

発行者／山下 直久

発行／株式会社KADOKAWA
〒102-8177　東京都千代田区富士見2-13-3
電話 0570-002-301（ナビダイヤル）

印刷所／図書印刷株式会社
製本所／図書印刷株式会社

●お問い合わせ
https://www.kadokawa.co.jp/（「お問い合わせ」へお進みください）
※内容によっては、お答えできない場合があります。
※サポートは日本国内のみとさせていただきます。
※Japanese text only

定価はカバーに表示してあります。

ISBN 978-4-04-606119-5　C0030